AF178258

Malte Roeper

Eine kleine Geschichte

DES BERGSTEIGENS

Malte Roeper

Eine kleine Geschichte
DES BERGSTEIGENS

Von der Erstbesteigung des Mont Blanc
zum Free Solo am El Capitan

Bibliografische Information der Deutschen Nationalbibliothek
Die Deutsche Nationalbibliothek verzeichnet diese Publikation in der
Deutschen Nationalbibliografie; detaillierte bibliografische Daten sind im
Internet über http://d-nb.de abrufbar.

Für Fragen und Anregungen
info@rivaverlag.de

Wichtiger Hinweis
Ausschließlich zum Zweck der besseren Lesbarkeit wurde auf eine durchgängige
genderspezifische Schreibweise sowie eine Mehrfachbezeichnung verzichtet. Alle
personenbezogenen Bezeichnungen sind somit geschlechtsneutral zu verstehen.

1. Auflage 2021
© 2021 by riva Verlag, ein Imprint der Münchner Verlagsgruppe GmbH
Türkenstraße 89
80799 München
Tel.: 089 651285-0
Fax: 089 652096

Redaktion: Frank Martin Siefarth (DiE WORTSTATT)
Umschlaggestaltung: Isabella Dorsch
Umschlagabbildung: Shutterstock.com/Artem Musaev
Layout und Satz: Röser MEDIA, Karlsruhe
Druck: GGP Media GmbH, Pößneck
Printed in Germany

ISBN Print 978-3-7423-1605-9
ISBN E-Book (PDF) 978-3-7453-1287-4
ISBN E-Book (EPUB, Mobi) 978-3-7453-1288-1

Weitere Informationen zum Verlag finden Sie unter

www.rivaverlag.de

Beachten Sie auch unsere weiteren Verlage unter www.m-vg.de

INHALT

VORWORT

Bergsteigen in all seinen Disziplinen erlebt einen Zulauf, der alle Beteiligten noch immer verblüfft, ja überwältigt. Mehr Aktive als je zuvor schwärmen aus zum Klettern, Bouldern, Wandern, zu Skitouren, Expeditionen und, und, und. All dies wäre nicht denkbar ohne die moderne und sich als immer bedrohlicher erweisende Industriegesellschaft. Erst der Überfluss schuf den Übermut, den Überdruss sowie die ebenso zwingend notwendige freie Zeit. Das sind die Zutaten.

Bergsteigen war der erste Outdoorsport im modernen Verständnis überhaupt. Vorher existierten nur zwei Aktivitäten unter freiem Himmel, die in der Motivationslage im weitesten Sinne vergleichbar waren: erstens die Jagd, die bereits frühzeitig nicht nur Nahrungserwerb war, sondern für Adlige auch Vergnügen und Zeitvertreib. Zweitens dürfte es frühe Formen von Wettkampf oder reinem Vergnügen auch beim Segeln und Schwimmen gegeben haben. Solch sportlicher Wettbewerb war aber lange Zeit nicht vorstellbar ohne die Verknüpfung mit einem unmittelbaren Nutzen. Bei der Jagd lag dieser Nutzen auf der Hand bzw. im Topf, und die Gewässer wiederum waren schon immer sowohl Nahrungsquelle als auch Verkehrsweg zugleich, folglich bot ihre Beherrschung, boten Fähigkeiten im Wasser oder am Segel einen konkreten Vorteil.

Auf Berge steigen dagegen war ein vollkommen neues Konzept, etwas Vergleichbares hatte es nie zuvor gegeben: anstrengend, gefährlich und zudem von vornherein ohne jeden unmittelbaren konkreten Nutzen. In dieser Nutzlosigkeit liegen Sinn und Poesie des Bergsteigens. Oben angekommen, muss man auch schon wieder hinunter, und nichts bleibt als das Erlebnis, die Erinnerung, die gelebte Gemeinschaft mit denen, die dabei waren. Bergsteigen ist also eine eigentlich dekadente und zugleich romantische, lebensbejahende Antwort auf die Lebensumstände einer Industriegesellschaft, die all das zwar erst ermöglicht, die aber auch vollkommen außer Kontrolle geraten ist. Während der digital beschleunigte Turbokapitalismus den Planeten zermalmt und wir alle nach einer Rolle suchen, um unserer Verantwortung gerecht zu werden, ist die alpine Suche nach der blauen Blume zumindest insofern ein halbwegs konstruktiver Eskapismus, als wir hier das Nutzlose zelebrieren.

Niemand hat das je schöner formuliert als der zu früh verstorbene französische Kletterstar Patrick Edlinger: »Diese ganze Gesellschaft ist ausgelegt auf Effektivität. Ich für meinen Teil will nicht effektiv sein.« Noch kürzer auf den Punkt brachte es Anderl Heckmair, legendärer Erstbesteiger der Eiger-Nordwand: »Das einzige, worauf es beim Bergsteigen ankommt, ist das Erlebnis.«

Mich selbst hat Bergsteigen entscheidend geprägt und geformt; dass ich gegen alle statistische Wahrscheinlichkeit von Schleswig-Holstein aus 1973 von meinen Eltern zu einer Jugendgruppe des Alpenvereins geschickt wurde und mit großen Augen in ein Umfeld stolperte, aus dem ich als Bergsteiger hervorging, empfinde ich als den größten Glücksfall meines Lebens. Insofern bin ich, das sei vorausgeschickt, parteiisch.

Die Arbeit an diesem Buch hat mir jedoch die Augen für Aspekte geöffnet, die mir vorher zwar natürlich bekannt waren, aber deren Ausmaß ich bisher nicht erfasst hatte: etwa, wie viele der großen Namen tatsächlich am Berg ums Leben gekommen sind. In meinen Augen war das extreme Bergsteigen im absoluten Grenzbereich schon immer eine Angelegenheit für ein bestimmtes Lebensalter, etwas für die jungen, ungebunden Krieger und Kriegerinnen. Sobald eine/r Verantwortung für andere trägt, sollte man/frau es vernünftigerweise ein wenig zurückschrauben. Im Frühling 2020 nun drehte ich im Auftrag des Deutschen Alpenvereins am Zugspitzmassiv ein Winterbiwak mit Nachwuchsbergsteigern. Junge Burschen, einer netter als der andere, alle voller Träume, Hoffnungen, Tatendurst. Ein Vierteljahr später war einer von ihnen tot, abgestürzt auf einer privaten Tour, niemand war schuld, aber tot bleibt tot.

Was wir am Berg erleben – beispielsweise auch bei jenem Dreh –, ist so intensiv, unvergleichlich und großartig, dass es das Risiko immer wieder wert scheint, aber: Wenn einer stirbt, klingt dieses Argument plötzlich schal, albern, selbstgerecht. Dies bleibt das große Dilemma, in dem der aktive Bergsteiger, vor allem der extreme Bergsteiger lebt.

Das Beglückende, Bereichernde, Stärkende der Erlebnisse am Berg freilich bleibt den Todesfällen zum Trotz Tatsache und Wirklichkeit. Wie sehr und wie universell das gilt und wirkt und funktioniert, auch das wurde mir während der Arbeit klar, wenn auch eher zufällig durch den Film *Black Ice*, Teil der »Reel Rock 15«, die 2020 wegen Corona nicht durch Europa tourte, sondern gestreamt wurde: In Memphis, einer der gefährlichsten Städte der USA, macht die Non-Profit-Kletterhalle »Memphis Rox« Furore als Sozialprojekt und

Treffpunkt der vorwiegend farbigen Jugendlichen. Als Alpinlegende Conrad Anker die Leute von »Memphis Rox« zum Eisklettern nach Montana einlädt und die jungen farbigen Südstaatler zum ersten Mal einen echten Winter erleben und sich mit senkrechtem Eis auseinandersetzen, verfolgt der Zuschauer ein Zusammenwachsen der Gruppe und ein emotionales Wachstum der Einzelnen, dass man heulen möchte, weil es so großartig ist. Eben diese Aspekte des Bergsteigens – und das dürfen wir nicht vergessen – greifen aber auch, wenn die Menschen aus weniger problematischem Hintergrund kommen als Memphis; dabei gewinnt der Wert der Gemeinschaft in einer Zeit der digitalen Vereinsamung für alle Menschen immens an Bedeutung.

Allerdings war durch alle Epochen hindurch das Treiben dort draußen niemals eine separate Welt für sich, sondern immer unmittelbarer Ausdruck der jeweiligen Verhältnisse und Strömungen innerhalb der Gesellschaften. Sendungsbewusstsein und Imperialismus des späten 19. Jahrhunderts finden in der alpinen Geschichte genauso ihren Ausdruck wie die technikgläubige Ära nach dem Zweiten Weltkrieg, die Flower-Power-Kultur der späten 60er- und der große Umbruch der 70er-Jahre ebenso wie das Ich-Ich-Ich! der jüngsten Vergangenheit. Insofern ist die Geschichte des Bergsteigens auch Teil einer aufregenden Geistesgeschichte jener Länder mit alpiner Tradition. Dies zu zeigen und dabei mit kritischer Distanz zu einzelnen Personen und Aspekten das Bergsteigen zu preisen, ist Ziel dieses Buchs.

Malte Roeper
Traunstein, im Winter 2020/21

Exkurs

FRAUENBERGSTEIGEN
ODER BERGSTEIGENDE FRAUEN?

1929 PAULA WIESINGER, HANS STEGER: ROSENGARTENSPITZE, DIREKTE OSTWAND
2020 ANGELA EITER: *MADAME CHING 9B*

In vielen sportlichen Disziplinen sind Männer leistungsfähiger als Frauen, deswegen existieren sinnvollerweise getrennte Wertungen: Männer treten gegen Männer an, Frauen messen sich mit Frauen. Es gibt Frauenfußball, es gibt Frauenhandball, aber kein Frauenbergsteigen in diesem Sinne, sondern einfach bergsteigende Frauen – weil es keine getrennte Wertung gab und es sie bis heute nicht gibt. Zum einen war Alpinismus sehr lange wirklich eine Männerdomäne, es war ja fast die ganze Welt eine Männerdomäne. Der andere Teil der Ursache ist eigentlich positiv: Es existierte und existiert eben keine wirklich offizielle Wertung. Ausgenommen bei Kletterwettkämpfen gibt es beim Bergsteigen keine offiziellen Spielfelder und -regeln, keine Schiedsrichter, es gibt nur die Fachpresse. So etwas wie ein sportliches Regelwerk ergibt sich vielleicht aus definierten Leistungen wie etwa »rotpunkt«. Aber es gibt keine Verbote und Vorschriften: Sie, liebe Leserin, lieber

11

Leser, könnten in diesem Moment Ihre Sachen packen, nach Grindelwald fahren (vorausgesetzt, die Corona-Beschränkungen lassen das zu) und solo in eine neue Route in der Eiger-Nordwand einsteigen, die einmal quer von links nach rechts durch die Wand führt. Sie dürfen das, jeder darf das. Ob Sie das wollen oder können, ist eine andere Frage. Eine vergleichbare Freiheit finden Sie in keiner konventionellen Sportart dieser Welt.

In diesem anarchischen Durcheinander fielen und fallen nur die spektakulärsten Leistungen auf, was zur Folge hat, dass viele von Frauen erbrachte Großtaten untergingen. Paradebeispiel ist die fantastische Paula Wiesinger, geboren 1907 in Bozen. Mit ihrem späteren Mann, dem Münchner Paul Steger, eröffnete sie 1929 die Direkte Ostwand der Rosengartenspitze, 600 Meter hoch und im unteren sechsten Schwierigkeitsgrad. Damals verdammt sportlich, ist die *Steger* heute einer der beliebtesten Anstiege in diesem Grad in der Rosengartengruppe. Die Tradition mit den Routennamen ist aber folgende: Nach EINEM der Erstbegeher heißt eine Tour, wenn der alles vorgestiegen ist oder deutlich bekannter ist, so die meisten Erstbegehungen von Starbergsteigern wie Riccardo Cassin, Hermann Buhl oder Walter Bonatti. Bei zwei gleichberechtigten Bergsteigern heißt die Route nach BEIDEN, etwa die *Solleder-Lettenbauer* an der Civetta. Paula Wiesinger kletterte mit Paul Steger immer in Wechselführung, *Steger-Wiesinger* wäre also der richtige Routenname. Aber es gibt eben kein Gremium, welches den Namen verfügt, solche Routennamen bürgern sich im Lauf der Zeit ein. Vielleicht war es keine Diskriminierung, sondern schlicht Unwissen, da jahrzehntelang die meisten Frauen am Berg tatsächlich hinterhergestiegen sind. Vielleicht wollten die Männer Wiesingers Leistung auch nicht wahrhaben und ignorierten sie vorsätzlich, denkbar wäre auch das.

Aber die ohne Vater aufgewachsene Wiesinger war viel zu selbstbewusst, um mit dem Lautsprecher durch Südtirol zu laufen und zu rufen: »Ich bin die Frau, die vorsteigt!« Anders als etwa Leni Riefenstahl, die sich stets als unerschrockene Amazone inszenierte, sich aber von Wiesinger doubeln ließ, wenn es bei Dreharbeiten am Berg Ernst wurde. Wiesinger kletterte weitere Neutouren, gewann fünfzehn italienische Ski-Meisterschaften, 1932 den Weltmeistertitel in der Abfahrt. Bei einem Rennen, bei dem Frauen nicht zugelassen waren, startete sie als Mann verkleidet (wurde allerdings erwischt). Das Hotel »Steger-Dellai«, das sie mit ihrem Mann auf der Seiseralm gründete, existiert noch heute.

Im August 2011 erreichten vier Menschen keuchend den höchsten Punkt des K2, das Sammeln von Achttausendern war zu diesem Zeitpunkt schon lange nichts Neues mehr. Als Erster hatte bekanntlich Reinhold Messner alle vierzehn zusammen, nun waren drei von den vier Personen auf dem K2 schon Nr. 25, 26 und 27. Und diese Besteigung sollte deswegen bemerkenswert sein, weil hier mit Gerlinde Kaltenbrunner die dritte Frau auf ihrem vierzehnten Achttausender stand, sie das aber als erste Frau ohne künstlichen Sauerstoff geschafft hatte? Die zwei anderen, die mit ihr den Gipfel erreicht und nun ebenfalls alle vierzehn bestiegen hatten, hatten dies ja ebenfalls ohne künstlichen Sauerstoff bewältigt, waren aber Männer. Was ist noch wichtig daran, wenn einer Frau gelingt, was Männer schon lange können? Wir haben uns ja erfreulicherweise nicht nur an die Vorstellung gewöhnt, dass Männer nicht mehr alles besser können, sondern eben auch längst an die Praxis, den Alltag.

Dass und wie Gerlinde Kaltenbrunner im August 2011 den K2 bestieg, war am Ende deswegen eine wichtige Geschichte, weil jetzt eine so großartige Botschafterin des Bergsteigens endgültig weltbekannt wurde. Als Kind wollte sie bei Skirennen nicht gegen ihre Freundinnen antreten, weil sie das Konkurrenzdenken so verabscheute. Und auch auf Expedition lebte die zierliche Krankenschwester aus Oberösterreich den Teamgedanken und trat für die anderen so ausdauernd die Spur, dass man sie »Cinderella Caterpillar« nannte. So etwas zählt, so etwas bleibt.

Ohne die grandiosen Leistungen von Bergsteigerinnen wie Lynn Hill oder Catherine Destivelle wäre diese kleine Geschichte des Bergsteigens ohnehin unvollständig und unvorstellbar. Die alpine Geschichte aber umzudeuten, umzuschreiben und weil es dem Zeitgeist entspräche mehr weibliche Besteigungen einzubauen, das würde am Ende auf eine Betrachtungsweise hinauslaufen, die in meinen Augen die wirklich frauenfeindliche wäre: »Tolle Leistung ... also für eine Frau.«

Lange Zeit war es aber wirklich so, dass viele (der ohnehin wenigen) Frauen am Fels im Schlepptau von Ehemann, Freund, Lebensgefährte liefen. Dieses traditionelle Pärchenklettern hatte dann oft etwas von Missionarsstellung: er oben, sie unten – er stieg voraus, sie stand unten beim Sichern. »Genau das hat sich in den letzten Jahren extrem geändert«, beobachtet Ines Papert, neben immer mehr Bergführerinnen Deutschlands einzige reguläre Profibergsteigerin, »dass ER vorsteigt, SIE sichert und er ihr dann Griff für Griff die Route erklärt, das siehst du heute nicht mehr so oft. Heute gehen Frauen mehr mit Frauen klettern, und wenn sie mit einem Mann gehen, dann als Partnerin, auf Augenhöhe. Vor zwanzig

Jahren war ich am Fels immer die Exotin, eben die Frau. Jetzt bin ich einfach die Ines. Den jüngeren Frauen geht es aber ziemlich ähnlich. Weil sie viel selbstbewusster an die Sache rangehen.«

So stand das 2000 aus der Taufe gehobene, jeweils über drei Jahre laufende Förderprogramm des Deutschen Alpenvereins für die besten deutschen Nachwuchsbergsteiger den Frauen zwar selbstverständlich offen, doch nur die wenigsten trauten sich an das Sichtungscamp für diesen »Expeditionskader« heran. Die wenigen Bewerberinnen, die es riskierten, wurden von den Prüfern meist schweren Herzens abgelehnt – die männlichen Kollegen waren einfach besser. Irgendwann ging den Verantwortlichen ein Licht auf: Galten nicht in sämtlichen anderen Sportarten getrennte Wertungen für Männer und Frauen – Leichtathletik, Kampfsport, Mannschaftssport? Und auch im Wettkampfklettern? Also rief man schließlich den »Expeditionskader Frauen« ins Leben. Die Teilnehmerinnen berichten übereinstimmend, wie sie in einem rein weiblichen Umfeld mehr Selbstvertrauen entwickelten. Fast zwei Drittel absolvieren anschließend die Ausbildung zur staatlich geprüften Berg- und Skiführerin und haben, wenn sie wollen, schnell mehr Arbeit als die männlichen Kollegen.

Was am Bergsteigen auch immer als typisch männlich galt, es ist letztlich das einsame Fokussieren auf ein Projekt, das am Ende ja niemanden interessiert außer einem selbst. Alles Geld zusammenkratzen und das Auto verkaufen für eine Expedition an einen Berg, dessen Namen niemand kennt, oder die oft Jahre dauernden Versuche an kurzen Sportkletterrouten. Frauen haben da selten so viel Zeit und Nerven investiert wie die Männer weniger Frustrationstoleranz, könnte man sagen, ebenso gut: weniger verbissen. Die französische

Profikletterin Melissa Le Nevé etwa investierte sechs Jahre (!) Training und Versuche in fünfzehn Metern Fels im fränkischen Jura, hängte ihre Wettkampfkarriere an den Nagel, es war ihr alles wurscht, sie wollte diese Route: *Action Directe 9a.* 1991 war es die schwerste der Welt, heute lange nicht mehr. Heute klettern – wenn auch wenige – andere Frauen bereits die Schwierigkeitsgrade 9a+ und 9b, aber gerade, dass Le Nevé so lange probiert, so viel investiert, so viel Enttäuschung riskiert hat, bis es 2019 endlich gelang, gerade das zählt und inspiriert eigentlich noch mehr als andere weibliche High-End-Leistungen der letzten Jahre.

Im Dezember 2020 gelang der Tirolerin Angela Eiter mit ihrer *Madame Ching 9b* ein besonderes Highlight. Es ist die erste Route in diesem Grad, die eine Frau erstbegangen hat – und da die aktuell allerschwerste Tour der Welt mit 9c nur einen Buchstaben auf der für die ganz harten Wege üblichen französischen Skala schwieriger ist, sind die Frauen näher dran an den Männern als je zuvor. Es ist der Höhepunkt einer seit Jahren offensichtlichen Tendenz: Männer mögen in punkto Körperkraft Vorteile haben, beim Klettern geht es aber zuallererst nicht um die absolute Kraft wie etwa beim Kugelstoßen, sondern um die relative, also das Verhältnis von Kraft zu Körpergewicht wie etwa beim Hochsprung. Und bezüglich Technik und der für die maximalen Schwierigkeiten am Ende entscheidenden mentalen Fähigkeiten ist kein Vorteil für Männer zu erkennen.

Vielleicht das schönste Beispiel für die ebenso unprätentiöse wie unheroische Herangehensweise der jungen Generation ist die 2001 geborene New Yorkerin Ashima Hiraishi, ein Wunderkind, das mit zarten fünfzehn Jahren einen der härtesten Boulder des Planeten knackte und dann ganz selbstverständlich unter ihrem Pony strahlte: »My dream is to become the best climber in the world« – von *female climber* war da gar nicht mehr die Rede – wozu auch?

Die Geschichte des Bergsteigens ist die Summe der Handlungen von Einzelnen, die inspiriert und motiviert wurden durch das, was sie lasen, hörten, sahen. Bis in jüngster Zeit sah das meistens so aus, dass Männer anderen Männern nacheiferten, das ist im Großen und Ganzen der rote Faden in der Geschichte des Bergsteigens. Aber das muss und wird nicht so bleiben, Frauen holen gewaltig auf. Und wären sie in der einst tatsächlich so männerdominierten Bergwelt nicht auch bei den Männern willkommen (was sie sind): Es wäre ihnen wurscht, und das ist gut so.

1.

ANFÄNGE UND GEFÜHRTE ABENTEUER

1786 JACQUES BALMAT, MICHEL PACCARD: MONTBLANC
1865 EDWARD WHYMPER, MICHEL CROZ: MATTERHORN

Die erste große, das Bergsteigen begründende Tat, die Besteigung des Montblanc, unternahm man von französischem Boden aus, was kein Zufall war. Zum einen liegt die einfachste Seite des Berges nun einmal in Frankreich, von Italien aus ist der Aufstieg deutlich schwieriger. Und dieser höchste Berg gab dem Vorhaben ja seine Logik: Warum sonst hätte man hinaufsteigen sollen, wenn es nicht der höchste gewesen wäre? Der Arzt und Wissenschaftler Michel Paccard wollte dort oben wissenschaftliche Experimente durchführen, die Höhe erforschen und gleichsam diesen höchsten Punkt Europas den Gedanken der Aufklärung unterwerfen – so, wie man später Kreuze auf Gipfel montierte, um diese dem Christentum zu widmen.

Inspiriert von dem Naturforscher Horace Bénédict de Saussure, der zudem eine Belohnung auf die Besteigung des Montblanc ausgesetzt hatte, suchte sich Paccard in dem einheimischen Kristallsucher Jaques Balmat einen ortskundigen Führer. Und wie später noch so häufig, lagen die größten Schwierigkeiten, die es zu bewältigen galt, nicht irgendwo im Gelände, sondern im Kopf.

Unbedingt, so die Vorstellung, müsse man am selben Tag von einer sicheren Unterkunft hinauf und wieder herunter. Weil man auf dem Gletscher nicht übernachten könne, das würde den Tod bedeuten oder sonst etwas Gruseliges – wegen der Geister! Aufklärung gut und schön, aber vielleicht galt die ja dort oben nicht? Nach dem Motto: Wir wissen zwar, dass es keine Geister gibt, aber wissen die Geister das auch? Bei einem Versuch verirrte sich Balmat, überstand eine kalte Nacht auf dem Gletscher, und der Bann war gebrochen. Kleine Ursache, große Wirkung: Nun waren sie frei im Kopf für den Aufstieg.

Noch im selben Sommer stand Balmat mit Paccard, der ja auch die ganze Unternehmung finanzierte, auf dem höchsten Punkt der Alpen, 4807 Meter über dem Meer. Paccard unternahm brav seine Messungen – Temperatur, Wind, Luftdruck –, sie hissten einen Wimpel, *mission accomplished*. Dann ging es wieder hinunter ins Tal.

Wenn wir wie im Vorwort definieren, dass Bergsteigen ein in sich als nutzlos anerkannter Selbstzweck ist, würde dieser Startschuss am Montblanc eigentlich nicht dazugehören. Paccards Ziel waren ja seine Messungen und vielleicht auch Anerkennung und Belohnung von de Saussure. Aber, lieber Monsieur Paccard, falls Sie das im Himmel lesen (was ja am Ende auch nicht ausgeschlossen ist): Hand aufs Herz, waren die Messungen nicht doch ein bisschen auch ein Vorwand, um dieses Abenteuer zu rechtfertigen? Und dieses Gefühl, als erste dort oben zu stehen und hinterher davon erzählen zu können?

Die Leistung der Montblanc-Erstbesteiger war in jedem Fall die von wahren Pionieren: Sie hatten diesen Berg bestiegen, ohne sich auf Erfahrungen anderer verlassen zu können. Allein schon deshalb muss man eben doch sagen: Tusch!, die Geschichte des Bergsteigens hatte begonnen.

Und dass diese Geschichte eben auf französischem Boden ihren Anfang nahm, lag keineswegs nur daran, dass von hier der Aufstieg leichter ist als von Süden, also Italien. Frankreich war das Zentrum der Aufklärung, das aufgeschlossenste Land Europas. In Frankreich formulierte Ideen hatten auf der anderen Seite des Atlantiks in Nordamerika jenen ungeheuren Vorgang ermöglicht, sich vom König loszusagen. Obwohl doch immer alles den Königen gehörte – das Land, die Steuern, die Jungfrauen, die Soldaten! Drei Jahre nach der Erstbesteigung des Montblanc setzte die Französische Revolution diese Idee fort, sie setzte den König ab, welch ein atemberaubender Gedanke. Und deklarierte die allgemeinen Menschenrechte. Rechte, für alle Menschen gleich! Eine Idee, die leicht mehr Schwindelfreiheit erfordern mochte als die wenig steilen, endlosen Schneehänge oben am Montblanc.

Jede Erstbesteigung und überhaupt jede Besteigung beginnt nicht mit dem ersten Schritt, sondern zuallererst mit der Vorstellung, dass sie überhaupt möglich ist. Dieser Aspekt wird uns noch oft begegnen, und für ihn ist das Abenteuer von Jaques Balmat und Michel Paccard mitsamt dem Biwak am Gletscher ein ausgezeichnetes Beispiel.

Die anderen Gipfel der Alpen sollten nun bitteschön sämtlich machbar sein, dachte man, schließlich waren sie alle niedriger. Bis man sich an die nächsten heranwagte, dauerte es allerdings vierzehn Jahre. Damals hat aber auch noch niemand vom Gipfel sein Selfie getwittert, es gab kein Radio, kaum

Zeitungen, noch nicht einmal die Fotografie. Natürlich sprach sich die Sache mit dem Montblanc herum, aber die ganz große Story war es damals nicht, dafür war es zu schwer vorstellbar und vor allem – genau: zu nutzlos.

Im Jahr 1800 folgte der Großglockner, höchste Erhebung im damals noch erheblich größeren Österreich. Wieder lieferte also die Höhe den Vorwand. Fürstbischof Franz II. Xaver von Salm-Reifferscheidt – der Name ist so lang wie die Geröllhalden am Fuße des Berges – hatte befohlen, den Berg doch bitteschön, nun ja, irgendwie zu erledigen. Man errichtete in der Nähe der heutigen Salmhütte einen Stützpunkt, der immerhin dreißig Menschen Platz bot. Am Ende umfasste die Mannschaft der erfolgreichen Erstbesteigung sage und schreibe zweiundsechzig Personen. Die Bergführer, die vorausgingen, wurden namentlich gar nicht erfasst, wir ignorieren hier daher zum Ausgleich die Namen der offiziellen Erstbesteiger. Bergsteigen war das aber ohnehin nur bedingt, hier wurde ein markanter geographischer Punkt dem Reich einverleibt, fertig. Interessant aber ist trotzdem einer, der hier dabei war, der sechsundzwanzigjährige Theologiestudent Valentin Stanič.

Er war kein Adliger, der vor Langeweile nicht wusste, wie er den Tag herumbringen soll, sondern stammte von einem Bauernhof in Kärnten. Aber ihm gefiel es in den Bergen so gut, dass er wenige Tage später mit nur fünf Begleitern aufbrach, um den Watzmann zu besteigen. Ohne Auftrag, einfach so. Und weil seine Begleiter dann irgendwo am Grat besorgt bis ratlos stehenblieben, stieg er allein weiter: »Diesen sicher noch von keinem menschlichen Fuße betretenen Spiz entschloss ich mich zu ersteigen. Siegesgewohnt wollte ich auch dieses stolze Horn entkränzen …« Und weil ihm das alles so viel Freude machte, ging er kurz darauf auch noch auf den Hohen Göll. Gleich ganz allein, wieder ohne Auftrag, einfach so.

Zwar hatte er ein paar Geräte dabei, führte pflichtschuldig ein paar Messungen durch, aber der eigentliche Grund, warum er da hinaufstieg, blieb das Erlebnis. Das war radikal neu und die eigentliche Geburtsstunde des Bergsteigens, wie wir es heute begreifen. Stanič bestieg noch ein paar kleinere Gipfel, wurde Priester und schließlich Domherr in Friaul, wo er die Pockenimpfung einführte. Wie groß seine Freiheit des Denkens war, ermessen wir auch daran, dass hier ein Bürger Österreichs im bayerischen Ausland seinem Vergnügen nachgeht. Und dass die Höhe des Gipfels nebensächlich ist, denn dass der höchste Berg Bayerns die Zugspitze ist, das wusste man schon.

1804 organisierte der Botaniker Johannes Nepomuk Gebhard nach bekanntem Muster, nämlich im Auftrag des Erzherzogs Johann von Österreich, die Erstbesteigung des Ortlers, die nach mehreren gescheiterten Versuchen schließlich dem einheimischen Jäger Josef Pichler gelang. Im Jahr darauf gelangte Gebhard unter Führung Pichlers dann auch selbst zum höchsten Punkt. Dass es in den folgenden Jahrzehnten mit dem Bergsteigen nur langsam voranging, hing genau wie der Anfang am Montblanc mit Frankreich zusammen, genau genommen mit den Kriegen Napoleons. In Kriegszeiten hat man eben andere Sorgen.

1820 endlich kam die Zugspitze an die Reihe, auch sie im offiziellen Auftrag. Das »Königlich Bairische Topographische Bureau« wollte den Gipfel vermessen haben für sein großes Projekt, den Atlas von Bayern. Leutnant Josef Naus, in Österreich geboren, war betraut mit der Kartierung des Werdenfelser Landes, in dem Deutschlands höchste Erhebung liegt. Dass er eine so zeitaufwendige und gefährliche Unternehmung wie die Besteigung der Zugspitze auf eigene Faust unternommen hätte, ist unwahrscheinlich. Wir dürfen also auch hier von einer Auftragsarbeit ausgehen.

Zunächst stellte sich ihm dasselbe Problem wie allen anderen alpinen Erschließern auch: Schon die Wege hinauf bis in die Regionen, wo es für sie spannend wurde, waren weder ausgebaut noch markiert oder gar beschildert. Es gab zwar Hirtensteige, die folgen aber einer anderen Logik: Sie führen dorthin, wo es Gras gibt und nicht auf Gipfel oder Übergänge. Und Hütten mit Schnitzel, Bier und Pommes gab es natürlich auch noch nicht. Wenn man das bedenkt, ging Naus die Sache verdammt sportlich an, nämlich mit nur zwei Begleitern, seinem Bergführer Johann Georg Tauschl und seinem Vermessungsgehilfen, von dem absurderweise nur der Nachname überliefert ist, der dann auch noch Maier lautet. Da steht man als jemand von den ganz hinteren Bankreihen bei der Erstbesteigung des höchsten Berges der Heimat mal ganz vorn, und dann können die Nachfahren dich nicht einmal zuordnen, weil die Herren von der Obrigkeit damals eben nur »Maier« notiert haben.

Fest steht, dass Hirten sich bis weit hinauf unter den Gipfel sehr gut auskannten, nutzte man doch noch die abgelegensten und höchsten Grasflächen mit den letzten dünnen Halmen als Weideflächen. Damals gezüchtete Bergrinder waren zudem erheblich kleiner und wendiger als heutige alpine Rinderrassen, noch einmal deutlich höher stiegen Schafe ins Gelände. Von dort haben am Ende nur wenige hundert Höhenmeter bis zum Gipfel gefehlt. Aber die letzten Meter zur Spitze sind von allen Seiten schroff, steil und schwierig genug, dass die

Hirten – ohne Auftrag und ohne unmittelbaren Nutzen – vorher nicht hinaufgestiegen sein dürften.

In den folgenden Jahrzehnten sollte die Zugspitze zu einem der ersten Berge werden, die einen neuen Berufsstand ernährten: den des Bergführers. Für diesen neuen Geschäftszweig des Fremdenverkehrs – auch dies ja eine noch junge Entwicklung – baute man Hütten, errichtete Wege und versicherte den Gipfelaufbau mit Stufen und Eisenstiften. Aber das dauerte, in den folgenden Jahren hatte die Zugspitze noch ihre Ruhe.

Weitere Berge wurden bestiegen, etwa die Jungfrau in der Schweiz, aber die großen Schritte folgten erst Jahrzehnte später, als sich eine Grundkonstellation fand, die für Furore sorgen sollte: reiche Engländer mit einheimischen, meist Schweizer Führern. Es begann eine goldene Ära, nämlich die Erstbesteigung eines Großteils der schönsten und schwierigsten Gipfel der Alpen.

Sonnte sich 1786 noch Frankreich im avantgardistischen Glanz der Aufklärung, traten die Briten nun dominanter auf als alle anderen. Sie hatten die größte Flotte, das größte Kolonialreich, die reichste Oberschicht und den erfolgreichsten Kapitalismus, der den nicht ausgelasteten Adligen mit reichen Kaufleuten, Bürgern, Städtern, hohen Beamten eine selbstbewusste und abenteuerlustige neue Schicht zur Seite stellte. Die Briten gelten ungefähr seit dieser Zeit als die eigentlichen Erfinder des Tourismus: Wir fahren mal hin, schauen, ob es uns gefällt, dann fahren wir nach Hause und haben was zu erzählen – auch wenn Heinrich Heine spottete, die Engländer würden nur deshalb verreisen, weil es zu Hause nie etwas Vernünftiges zu essen gebe.

Gefühlt gehörte den Briten eigentlich alles, sie besaßen das größte Weltreich, sammelten Länder wie andere Briefmarken.

Kombiniert mit britischem Sportsgeist war dieses Selbst- und Sendungsbewusstsein eine prima Grundlage, um einen ganz neuen Spleen auszuleben: Auf Berge steigen, my dear, aufregend, ist es nicht? Die Alpen wurden ihr Abenteuerspielplatz, der *Playground of Europe*. Unter diesem Titel erschienen zwar erst 1871 die alpinen Memoiren von Leslie Stephen, der auf über einem Dutzend Alpengipfel als Erster stand, aber das Motto *Playground of Europe* war schon länger Programm. Stephen war Mitbegründer des Alpine Club, des ersten alpinen Vereins der Welt, und außerdem Vater der berühmten Schriftstellerin Virginia Wolfe. Mit ihren einheimischen Führern bildeten die Briten die Avantgarde dieses seltsamen neuen Sports. Die Bergführer trugen für ihre Kunden die Lasten oder besorgten die Träger. Der Gast kletterte, zahlte, ließ sich die Brotzeit servieren und erfreute sich der wilden Aussicht. Man möchte sich diese Unternehmungen mit all den Förmlichkeiten gern als Szenen aus einem Monty-Python-Film ausmalen, aber: sie hatten Erfolg.

So auch der Kolonialbeamte Adolphus Warburton Moore, der 1865 den Sommer seines Lebens genießen durfte. Innerhalb von drei Wochen stieg er auf Piz Roseg, Obergabelhorn und Montblanc, lange bevor Autos oder Eisenbahn ihn von einem zum anderen hätten kutschieren können – allein das eine damals unerhörte Leistung. Vor allem aber bestieg er den Montblanc nicht von Norden über den Normalweg, auch nicht über den immer noch halbwegs leichten Standardaufstieg von der italienischen Seite, sondern über die wild zerklüftete, mit Hängegletschern bestückte Brenvaflanke. Nach Überwindung all der Gletscherspalten im Zustieg ist man auf dem Sporn einigermaßen sicher, aber links donnern die Eislawinen hinab – ein Hauch von Himalaya. Und es war auch geistiges Neuland, denn es ging zum ersten Mal nicht vorrangig darum, den Gipfel zu erreichen – das hätte Moore leichter haben können. Sondern darum, eine bestimmte Wand oder eben Flanke zu durchsteigen. Moore wurde später Privatsekretär von Lord Randolph Churchill, dem Vater des späteren Premierministers Sir Winston Churchill. Einerseits ein Stück völlig nutzlosen Wissens, andererseits sehen wir: Bergsteigen war ein Vergnügen der Oberschicht.

Im selben Jahr gelang der spektakulärste und heute definitiv berühmteste Gipfel der Alpen, das Matterhorn. Initiator war, Sie ahnen es, ein Engländer, aber kein reicher Pinkel, sondern der in ärmlichen Verhältnissen aufgewachsene Zeichner und Illustrator Edward Whymper, den sein Verleger auf Dienstreise in die Alpen schickte. Whymper zeichnete Berge nicht nur, sondern stieg hinauf und schlug ein wie eine Bombe. In seinem zweiten Alpensommer gelangen ihm zunächst zwei der schwierigsten und schönsten Gipfel des Montblancgebiets, die Grandes Jorasses und die Aiguille Verte. Siebenmal hatte er das Matterhorn schon probiert, meist gemeinsam mit dem großartigen italienischen Führer Jean-Antoine Carrel. 1865 war Carrel bereits gebucht, er wollte das Matterhorn von der italienischen Seite über den Liongrat versuchen.

Whymper hat also keinen Führer, stolpert aber über Gleichgesinnte: den jungen Lord Francis Douglas, gerade erfolgreich vom Obergabelhorn zurück, und seinen Führer Peter Taugwalder. Dann treffen sie auch noch auf ihren Landsmann Charles Hudson, einen erfolgreich bergsteigenden Pfarrer, der ausgerechnet mit Michel Croz das Matterhorn versuchen will, dem herausragenden französischen Bergführer, mit dem Whymper selbst bereits große Erfolge gefeiert hat. Was für eine schlagkräftige Mannschaft! Ferner gehen mit: Peter

Taugwalder junior und der unerfahrene, erst neunzehnjährige Robert Hadow.

Es war ein Wettrennen, denn sie wussten: Carrel und die anderen standen in den Startlöchern, sie sollten am Ende nur drei Tage später – über den Liongrat von Süden – ganz oben stehen. Whymper jedenfalls erreichte als erster Mensch den Gipfel: Kurz vorm höchsten Punkt schnitt er sich vom Seil los und spurtete voraus, so viel Ehrgeiz muss man auch erst einmal haben. Im Abstieg kam es zur Tragödie: Der unerfahrene Hadow rutschte aus, riss Croz, Douglas und Hudson mit. Das Hanfseil riss, diese vier stürzten in den Tod, Whymper und Taugwalder senior und junior kehrten schockiert mit der traurigen Kunde ins Tal zurück.

Es wurde eine der bekanntesten Schlagzeilen der alpinen Geschichte. Da ist dieser fantastische, einzigartige, überwältigend schöne Gipfel – als Werbesilhouette bis zum Erbrechen durchgekaut –, aber wer diesen Berg von Zermatt aus in seiner real existierenden Erhabenheit sieht und keine Ergriffenheit spürt, dem ist nicht zu helfen, er möge zu Hause bleiben und vor dem Internet verblöden. Und dann dieses perfekte Drama! Wie zur Strafe langt der Sensenmann zu, gebeugt und klein kehren die Helden heim ins Tal. Und all der Ruhm, ach, er nützt ihnen am Ende wenig.

Taugwalder senior dürfte der eigentliche Held gewesen sein: Hätte er sich nicht in das Seil gestemmt, sie wären vermutlich alle gestorben. Taugwalder stammte aus Zermatt, dort gab es schnell eine Menge Neid, Gerüchte kursierten, er hätte das Seil absichtlich zertrennt – vollkommen abwegig, dazu geht bei einem Sturz alles zu schnell. Außerdem waren die Seile damals einfach so schlecht, da musste man nicht nachhelfen.

Taugwalder wurde gerichtlich befragt, das Verfahren zwar eingestellt, aber was nützt das dem Ruf in dem kleinen engen Dorf? Der eloquente Whymper schrieb seine Version, stilisierte sich zum Protagonisten der Besteigung. Taugwalder als Bauernsohn dagegen war vermutlich Analphabet, er zerbrach wahrscheinlich mehr an den Gerüchten als an der Tragödie selbst, wer weiß das schon. Jedenfalls konnte er vom einsetzenden Run auf den Berg nicht mehr profitieren. Er wanderte nach Kanada aus, kehrte zurück und starb einsam und verlassen. Whymper wurde zum bekanntesten Alpinisten seiner Zeit, unternahm Expeditionen nach Südamerika, Grönland und in die Rocky Mountains. Am Ende starb auch er einsam, wenn auch nicht am Berg, wie man vermuten könnte, sondern in Chamonix, dem Talort seines geliebten Montblancgebiets.

Die goldene Ära des Alpinismus, die Eroberung der wichtigsten und imposantesten Gipfel, war mit dem Matterhorn abgeschlossen. Fremdenverkehr als neuer und Bergtourismus als ganz neuer Geschäftszweig hatten sich als bislang noch kleine, aber feste wirtschaftliche Größen etabliert. Und die Bergsteiger hatten sich als kleiner elitärer Stamm selbst gefunden, man kannte und respektierte einander. Und in diesem kleinen, elitären Stamm der Bergsteiger hatte sich eine noch kleinere, noch elitärere Kaste gebildet, die ersten Profis am Berg. Die das beruflich machten, weil es a) den Markt gab und b) eben genau sie das so gut konnten, dass man sie dafür bezahlte: die Berufsbergführer. 1832 hatten sich die Bergführer von Chamonix zusammengeschlossen, um erst einmal die Tarife zu regeln. Die Idee und Initiative, dort irgendwo hinaufzuwollen, stammte von den Gästen und ist durchaus ein Beitrag zur Geistesgeschichte Europas. Denn aus dem Wohlstand heraus etwas so Freches, Gewagtes, Nutzloses zu unternehmen, das ist und bleibt eine schöne und romantische Reaktion auf den Materialismus. Sich aber vor so einen Gast hinzustellen und zu sagen: »Jawohl, das geht, seien Sie beruhigt, ich kann das!«, das ist natürlich in sportlicher Hinsicht die eigentliche Leistung.

Fast alle großen Besteigungen gingen im Endeffekt auf das Konto von einem halben Dutzend Bergführern. Zwei von ihnen, Christian Almer und Melchior Anderegg, ernannte man 1856 zu den ersten offiziellen Schweizer Bergführern. Über Anderegg schrieb Whymper: »Melchior ist auf seine Art ein Kaiser, ein Fürst unter den Führern. Sein Reich ist der ewige Schnee, sein Zepter der Eispickel.« Für dessen Selbstbewusstsein spricht ein eigenes Zitat: »Man könnte schon gehen. Aber ich, Melchior Anderegg, gehe nicht!«

Zwei weitere legendäre Führer, Michel Croz und Peter Taugwalder, waren beteiligt an der Matterhorn-Tragödie. An ihre Namen sollten wir denken, wenn wir die Pioniertaten des 19. Jahrhunderts bewundern. Ein Edward Whymper etwa war ein guter Kletterer, aber ohne Expertise, Übersicht, Mut, Ausdauer und Geschicklichkeit seiner Führer hätte er vielleicht keinen einzigen Gipfel je bestiegen. Die goldene Ära des Alpinismus, sie war in Wahrheit die große Zeit der Bergführer.

2.

FÜHRERLOSE UND SPORTLICHE REGELN

1870 HERMANN VON BARTH: JÄGERKARSPITZE, WESTGRAT
1911 PAUL PREUß: GUGLIA DI BRENTA, OSTWAND

Mitte des 19. Jahrhunderts hatten sich die Bergführer als frühe alpine Profis etabliert, meist stammten sie von Bergbauern ab, waren trittsicher, ausdauernd und brauchten das Geld. Das Bauernleben war im Tal schon hart, am Steilhang noch viel härter. Lawinen und Gewitter bedrohten Hof und Felder, beim Transport von Heu und Holz talwärts auf Schlitten kam es regelmäßig zu schweren Unfällen. Als »Schwabenkinder« schickten die ärmsten Bauern ihren Nachwuchs nach Deutschland, weil sie nicht genügend Essen auf den Tisch brachten, um die vielköpfige Schar zu ernähren. Manchmal, aber nur manchmal brachten die ausgebeuteten und häufig missbrauchten Minderjährigen auch ein bisschen Lohn mit nach Hause. Nun waren die Bergbauern nicht überall so arm wie damals in Tirol, aber wenn dein Alltag schon so anstrengend und gefährlich ist, machst du in deiner Freizeit, sofern denn vorhanden, etwas Erholsames.

Fürs Selbstverständnis der bergsteigenden Städter war es ein Stachel im Fleisch, wenn sie Anleitung dieser einfachen Menschen brauchten, die häufig nicht einmal lesen und schreiben konnten. Aber man musste ja mit Führer gehen, das war doch schon immer so! Der Mann, der das ändern sollte, hieß Hermann von Barth, geboren auf Schloss Eurasburg in der Nähe des Starnberger Sees und auch sonst aus besseren Kreisen. Er bestieg 1868 den Watzmann wie üblich mit Führer und kam zu dem Schluss, er wolle sich nicht »am Seil herumführen lassen wie eine Kuh«. Der Aufstieg mit Führern, das sei was für Warmduscher, aber nicht für ihn. Er ging weiter in die Berge, meistens allein, manchmal mit Partnern, aber nie mehr mit Führer. Er hatte etwas Grundlegendes begriffen: Wer die Verantwortung abgibt, verliert auch einen entscheidenden Teil am Erlebnis Berg: »Wer möchte das schrankenlose, bloß auf eigene Erfahrung, Gewandtheit und Kraft gestützte Umherklettern in den Felsen ... nicht als das Ideal des Bergsteigens betrachten?« Er studierte Jura, musste als Spross einer reichen Familie damit aber eleganter Weise kein Geld verdienen, sondern stieg weiter durch Karwendel, Wetterstein und die Berchtesgadener. Diese Unternehmungen, die er meist allein unternahm, waren die schwierigsten seiner Zeit, als Highlight gilt der nach ihm benannte Barthgrad auf die Nördliche Jägerkarspitze im Nördlichen Karwendel, heute nur ein dritter Grad, aber dafür ausgesetzt und sagenhaft brüchig. Sein Buch, an dem er jahrelang schrieb, fand lange keinen Verleger.

Es existierte bereits eine Szene, eine kleine bergsteigerische Öffentlichkeit. Seit 1862 gab es den Österreichischen Alpenverein, seit 1869 den Deutschen, wenig später fusionierten sie zum Abkürzungsungeheuer DuOeAV – Deutscher und Österreichischer Alpenverein. Es gab alpine Zeitschriften, die oft nur jährlich erschienen, aber es gab sie. Die »Führerlosen«, so war man sich in diesen Schriften sicher, sie waren der »Untergang des Alpinismus«. Der »Untergang des Alpinismus!«, das muss man wissen, wurde zu einer ähnlich konstanten Größe wie »Die Jugend von heute!«. So oft wurde er im Lauf der alpinen Geschichte heraufbeschworen und befürchtet, dass wir ihn von hier an abkürzen mit »UdA!«. Er trat, Sie ahnen es, bis heute nicht ein.

Jedenfalls lag selten ein Erneuerer mit seinem Ansatz so goldrichtig wie dieser Hermann von Barth. Bergsteigen besteht ja eben nicht nur darin, den eigenen Leib auf den Gipfel zu schaffen, sondern ganz zentral darin, die Verantwortung selbst zu tragen, Entscheidungen selbst zu tragen und sein Gepäck natürlich auch. Wer etwa einen Dreitausender auf eigene Verantwortung besteigt, ist mehr Bergsteiger als jene, die am Seil eines Führers und vielleicht noch von Sherpas geschoben auf den Everest stapfen. Sie dürfen das, es ist völlig okay, aber man muss das als das bezeichnen, was es ist: Tourismus, nicht Alpinismus.

Valentin Stanič war 1800 am Watzmann und am Hohen Göll seiner Zeit so weit voraus gewesen, dass er im Grunde unverstanden blieb. Hermann von Barth als einer der endgültig ersten Bergsteiger im heutigen Sinne war ein Kind seiner Zeit, die langsam aber sicher von der Romantik ins Militaristisch-Imperialistische abglitt: »Wer mit mir geht, der sei bereit zu sterben!« Weniger martialisch ging es nicht, noch hatte Nietzsche nicht vom Übermenschen geschrieben, aber dieser Geist wehte schon durchs Land. Das Buch des großen Hermann von Barth wurde am Ende unter dem Titel »Aus den Nördlichen Kalkalpen« doch noch ein Erfolg und beeinflusste die deutschsprachige Szene nachhaltig zum führerlosen

Alpinismus. Als Wissenschaftler reiste er 1876 nach Afrika und erkrankte dort schwer. Ohne Aussicht auf Heilung kürzte er, nur einunddreißig Jahre alt, sein Sterben mit einer Pistole ab. Hermann von Barth war, das darf man sagen, frei bis in den Tod. Am Kleinen Ahornboden im Karwendel steht sein Denkmal.

»Wer mit mir geht, der sei bereit zu sterben!«, dieser absurd klingende Satz drückte mehr aus als selbstherrlich übertriebenen Mut, nämlich eine für den Aktiven außerordentliche Wichtigkeit des Tuns und des Erlebens. Um profanes Zeug wie Landvermessung konnte es dabei selbstverständlich schon lange nicht mehr gehen, und natürlich war das Erlebnis beziehungsweise die hehre Tat, als die man es verklärte, nur auf eigene Verantwortung, also führerlos zu haben.

Und natürlich spielte dabei die Schwierigkeit eine größere Rolle als die Höhe des Gipfels. Die Brüder Otto und Emil Zsigmondy, zwei Mediziner aus Wien, erkletterten 1879 einen wenig später nach ihnen benannten, damals spektakulär schwierigen Dreitausender im Zillertal – explizit nur wegen der Schwierigkeit. Auch sie waren ein Beispiel für den elitären und durch und durch akademischen Charakter der alpinen Szene: Ihr jüngerer Bruder Richard Zsigmondy erhielt 1925 den Nobelpreis für Chemie.

In Wien scharten sich Gleichgesinnte um die Zsigmondybrüder, ihr Gedankengut nannte sich bald »Wiener Schule«, als wären sie eine Künstlerkolonie. Und ein bisschen waren sie das auch. Sie beschimpften die, die noch traditionell mit Führer aufbrachen als »alpine Pharisäer« und nahmen sich fürchterlich wichtig, aber: Sie hatten den Mut, voranzugehen. Unter ihnen auch der junge Eugen Guido Lammer, Doktor der Philosophie. Er wagte besonders viel, am Berg und in seinen

Schriften: »Rotglühend lohte in meinem Busen die Sehnsucht nach alpiner Tat, unlöschbar der Durst nach Abenteuer und Todesgefahr. Ich war entschlossen, das Höchste zu wagen, mein Leben wieder und wieder auf des Messers Schneide zu setzen. Das hatte weit tiefere Gründe als bloße Sportlust oder blasierte Stumpfheit der Nerven ... Damals in den 80er-Jahren zertrümmerten wir alles, was unseren Vätern heilig war, wir verspotteten all ihre verwelkten Ideale, alles was sie für gut und schön und wahr hielten: ihre Dichtung und ihre Bauten und Bilder; wir verneinten ihre Religion und ihr Vaterland, jedwede Autorität, die Ehe und vor allem die überlieferte Vätermoral ... Nichts mehr ließen wir gelten als das ungehemmte Ausleben der starken Persönlichkeit nach den innersten Gesetzen ihrer eigenen Natur«. Lammers glühende Schriften fanden beglückte Nachahmer, unter anderen den Münchner Kletterer Georg Winkler: »(Ich) erkannte bald, dass es die Gefahr ist, die, aufgesucht und überwunden, dem Manne unendliche Genugtuung gewährt; ... die Gefahr und die unendliche Großartigkeit des Hochgebirges in ihrer Vereinigung sind es, die uns dämonisch anlocken.«

Das ist, wenn auch aus exklusiv männlicher Perspektive, eine Vorausschau aufs volle Programm der Selbstverwirklichung seit den 60er- und 70er-Jahren des 20. Jahrhunderts. Für Lammer steht an erster Stelle das innerste Erleben, die seelische Reinigung, erlebbar nur durch Extremsituationen am Berg: »Alle Trümpfe dir, mein Berg. Mir allein die Kraft.«

Klingt modern, und das ist es auch: »Ich erlebe einen seelischen Orgasmus ... und ein Ausschwingen in ein raum- und zeitloses Allbewusstsein«, das könnte eine Bergtour Lammers beschreiben, stammt jedoch von Reinhold Messner, der schildert, wie er 1978 ohne künstlichen Sauerstoff auf dem Mount Everest im Schnee sitzt und ahnt, was er geschafft hat.

So seltsam sich Lammers Texte heute anhören, sind sie doch verblüffend zeitgemäß: Sich selbst endlich, endlich spüren, das ist im Grunde das Leitmotiv von Outdoor- und Extremsport und in jüngster Zeit der Hilferuf so vieler, die im Internet ihre Sinne und sich selbst verlieren. Und sie nehmen einen Selbstverwirklichungsegoismus vorweg, der immer noch gilt: Zuerst verwirklicht man ja immer sich selbst, nebenbei, eh wurscht, zertrümmert man die Weltsicht der Altvorderen, die Altvorderen gleich mit und Kirche und Ehe sowieso. Ach, eigentlich alles, schließlich geht es ja ums Allerwichtigste: uns selbst. Lammer wenigstens zeigte, als es darauf ankam, mehr als egozentrisches Draufgängertum, nämlich HALTUNG. Aus Empörung über den faktisch schon 1919 (!) eingeführten »Arierparagrafen« im DuOeAV, mit dem jüdische Mitglieder ausgeschlossen werden konnten, verließ er den Alpenverein und trat demonstrativ der 1924 in Gänze ausgeschlossenen Sektion »Donauland« bei, die hauptsächlich aus jüdischen Mitgliedern bestand.

Zurück in die Aufbruchzeit der Führerlosen. Damals keimte nach dem Verzicht auf Führung der nächste logische Schritt: der Verzicht auf künstliche Hilfsmittel wie Haken oder geschlagene Felsstufen. Wer Erlebnis und Selbstverwirklichung durch Grenzerfahrungen erreichen wollte, wollte sich selbst die Sache schwer machen und nicht leicht. Wie hatte Lammer formuliert? »Alle Trümpfe dir, mein Berg. Mir allein die Kraft.«

Dieser Gedanke war in sich logisch, daher waren nicht alle, die so dachten, gleich Anhänger Lammers, sondern sie kamen von selbst drauf. Ganz vorn und ganz früh dabei waren die traditionell sportlich eingestellten Briten. So erstieg Albert Frederick Mummery 1880 eine der spektakulärsten Felsnadeln im Montblancgebiet, die Dent du Géant, die sich nicht von irgendwo, sondern von einem ohnehin schon luftig ausgesetzten Firngrat noch einmal 200 Meter senkrecht in den Himmel schraubt. Man hatte sich hier an Seilen und Haken heraufgezogen, weil es gar so schwer war, und Mummery resümierte trotzig: »Absolutely inaccessible by fair means« – mit fairen Mitteln absolut unbezwingbar. Er differenzierte also bereits zwischen angemessenen Methoden und unangemessenen. Zehn Jahre später ist er mit einigen Kollegen an der Aiguille des Grands Charmoz unterwegs, ebenfalls Montblancgebiet, sie diskutieren den Einsatz mitgebrachter Holzkeile und kommen zum Ergebnis, dass dies »... der erste Schritt auf dem Weg ins Verderben sei, der mit einer unauflösbaren Vermengung der Kunst des Bergsteigens mit jener des Gerüstbauers enden würde. Worauf wir einhellig erklärten, dass die Charmoz keinesfalls durch fixe Holzkeile entweiht werden dürfte ...«

Zur Szene der regelstrengen Briten zählte auch ein Mann namens Aleister Crowley, ein kapital durchgedrehter Charakter mit radikalen Ansichten auch über das Bergsteigen. Über seine führerlosen Zeitgenossen schwärmte er: »Sie unternahmen Bergtouren, von denen kein Bergführer geträumt hätte. Der erstklassige Amateur stand zum professionellen Führer in einem ähnlichen Verhältnis wie der Scharfschütze zum Mann mit dem Steinbeil.«

Crowley versuchte 1901, den zweithöchsten Berg der Erde zu besteigen, den K2, wenig später den dritthöchsten, den Kangchendzönga, und machte sich einen Namen als Wahnsinniger: Er prügelte sich mit seinen Kameraden, trieb Träger mit Schlägen über den Gletscher, stieg nach einem

Lawinenunglück ab, ohne nach den anderen zu schauen, und veruntreute die Expeditionskasse. Er nannte sich »The Great Beast 666«, praktizierte Okkultismus, Satanismus, Sexualmagie, misshandelte 1932 in Deutschland eine Geliebte so heftig, dass die SA eingriff und ihn verprügelte. Er täuschte einen Selbstmord vor, lebte von Zuwendungen seiner Jünger und kackte ihnen in den Salon, spionierte für den englischen Geheimdienst und überlebte jahrzehntelangen Heroinkonsum, bis er 1947 starb. All das war nicht strafbar, im Gegensatz zu seiner Homosexualität, die absurderweise das einzige »Vergehen« blieb, für das die Polizei ihn verfolgte. In den 60ern und 70ern wurde er – warum auch immer – wiederentdeckt, man findet sein Bild auf dem Plattencover von *Sgt. Pepper's Lonely Hearts Club Band* der Beatles, der Bandleader von Led Zeppelin, Jimmy Page, kaufte Crowleys Haus am Loch Ness, zog allerdings wieder aus, als nichts Übernatürliches passierte.

Zurück zum Sport. Im Jahr 1900 reisten die österreichischen Bergsteiger Heinrich Pfannl, Fritz Zimmer und Thomas Maischberger an die Dent du Géant, um »dem herrlichen Berg ohne künstliche Hilfsmittel zu Leibe zu rücken«. Was auch gelang. Zwar war dies ein Ausflug von Deutschsprachigen, die es den Briten zeigen wollten, aber eigentlich verband sie die Idee der Vermeidung künstlicher Hilfsmittel mehr als die nationale Herkunft sie trennte.

In alpenfernen Regionen hatte man längst begonnen, an kleinen Felsen für die großen Berge zu trainieren. Im Peak District in England zum Beispiel, an den kleinen Felsblöcken von Fontainebleau in der Nähe von Paris oder den imposanten Felstürmen im Elbsandstein bei Dresden. In diesen Gebieten erreichte das Klettern früh ein höheres Schwierigkeitsniveau als im Hochgebirge, gerade an den oft über 100 Meter hohen Wänden des Elbsandstein begann sich das Felsklettern vom reinen Training zum vollwertigen Selbstzweck zu emanzipieren. Der Amerikaner Oliver Perry-Smith etwa reiste eigens nach Dresden, um dort mit seinem Kletterpartner Rudolf Fehrmann die Felsen unsicher zu machen. Dieser Rudolf Fehrmann hielt 1913 erstmals Kletterregeln schriftlich fest. Hier gilt das gleiche, wie bei Städten oder Gebäuden, die irgendwann zum ersten Mal urkundlich erwähnt werden: Natürlich gab es die auch schon vorher, aber jetzt irgendwie erst recht.

Fehrmann definierte drei Grundsätze, erstens: Klettern nur an natürlichen Griffen und Tritten – sollte eine Besteigung »gültig« sein, durfte man sich nicht am Seil oder am Haken hinaufziehen, auch keine Leitern oder ähnliches einsetzen. Zweitens: Keine Veränderung der Felsoberfläche, das spielte vor allem im weichen Elbsandsteinfels eine Rolle, weil es hier ein Leichtes war, mit Hammer und Meißel Griffe und Tritte in den Fels zu schlagen. Drittens: Kein Anbringen von Sicherungshaken außer bei der Erstbegehung. Dass diese Regulierung im ansonsten ja eher anarchischen Treiben in der Vertikalen aus Deutschland kam, kann nicht überraschen. Aber man darf auch sagen, dass die Deutschen zwar nur wenige einflussreiche Alpinisten hervorgebracht haben, an der Geschichte des Felskletterns dafür einen sehr großen Anteil haben. Das Ding mit den Regeln gehört auch dazu, vor allem Kurt Alberts Rotpunktregel, aber bis dahin haben wir noch Zeit.

Die Kletterei machte also Fortschritte – wer heute im Elbsandstein Anstiege des späten 19. Jahrhunderts klettert, der lernt noch immer schnell das Fürchten. Die Seiltechnik allerdings verharrte lange in einem aberwitzig primitiven Zustand: Entweder der Vorsteiger machte an jedem vorhandenen

Ringhaken Stand, oder er band sich aus, fädelte das Seil durch den Ring, band sich wieder ins Seilende ein (Klettergurte gab es auch noch nicht) und stieg endlich weiter. Unpraktischer geht es gar nicht.

Erst 1909 setzte der Franke Otto Herzog den Karabiner, wie wir ihn heute kennen, erstmals beim Klettern ein, es war ein »Schnappring« von der Feuerwehr. Herzog hörte übrigens auf den schönen Spitznamen »Rambo«, angeblich hatte es zu tun mit der fränkischen Aussprache von »ramponiert«. Mit Karabinern konnte man nun das Seil in Zwischensicherungen einklinken, wie es seither üblich ist – und direkt weiterklettern. Diese Neuerung führte 1910 zur Erfindung des Felshakens durch den Zillertaler Hans Fiechtl. Bis dahin hatte man Haken nur eingesetzt, indem man Löcher in den Fels meißelte und dort den Haken verankerte. Haken, die man mit dem Hammer direkt in Risse oder Löcher eintrieb und die durch Klemmwirkung des elastischen Stahls hielten, waren eine revolutionäre Neuerung.

Mit Karabinern und Felshaken nahm die Sicherung, die bis dahin meistens eher symbolischen Charakter besaß, langsam Form an. Hans Dülfer aus Wuppertal, der der Berge wegen in München lebte und Medizin studierte, kletterte atemberaubendes Zeug im Wilden Kaiser wie die Fleischbank-Ostwand. Aber nicht nur mit moderner Sicherung, sondern, oh mein Gott!, indem er gelegentlich Haken als Griffe benutzte. Es war Anlass erbitterten Streits. 1912 veranstaltete die Münchner AV-Sektion Bayerland einen Diskussionsabend zum Mauerhakenstreit: Man befürchtete, Sie ahnen es, den »UdA!«.

Der Österreicher Paul Preuß fühlte sich berufen, das Unheil abzuwenden. Der Name klingt sehr deutsch, doch er stammte aus der Steiermark. Der Sohn jüdischer Eltern saß als Kind eine Weile im Rollstuhl, wer so etwas hinter sich hat, der genießt einerseits die sportliche Selbstermächtigung in besonders tiefen Zügen und empfindet andererseits besondere Genugtuung, es anderen zu zeigen. Und wenn einer als Jude dem latenten Antisemitismus der Kaiserzeit ausgesetzt ist, vermutlich erst recht. Preuß wiederholte eine der kühnsten damaligen Felstouren solo, die Piazroute an der Totenkirchl-Westwand. 1911 stieg er am Felsturm der Guglia di Brenta allein in die Ostwand ein, ein luftiger fünfter Grad 300 Meter über Grund. Er führte KEINERLEI Ausrüstung mit, kein Seil, nichts. »Free Solo« nennt man das heute. Es war ein bis dahin ähnlich unvorstellbares Wagnis wie Alex Honnolds epochales Solo am El Capitan 106 Jahre später. Und dann turnte Preuß seine Route free solo auch wieder hinunter, schließlich lautete eine seiner Regeln, die er selbstbewusst veröffentlicht hatte: »Das Maß der Schwierigkeiten, die ein Kletterer im Abstieg mit Sicherheit zu überwinden im Stande ist und sich auch mit ruhigem Gewissen zutraut, muss die oberste Grenze dessen darstellen, was er im Aufstieg begeht.« Sein wichtigster Grundsatz lautete, der Einsatz künstlicher Hilfsmittel sei »nur im Falle einer unmittelbar drohenden Gefahr« berechtigt – im Normalfall habe man frei zu klettern, grundsätzlich, immer, fertig aus!

Preuß ahnte, dass der Einsatz dieser Hilfsmittel sich zur Gretchenfrage des Kletterns entwickeln würde, das er in seiner pursten Form liebte: frei und wenn nötig ungesichert. Die Frage nach der Berechtigung neuer Hilfsmittel tauchte tatsächlich immer wieder auf und wird uns auch in diesem Buch noch öfter begegnen.

In den wenigen Jahren seines Schaffens wurde Preuß zum einflussreichsten Vordenker eines alpinen Purismus, wie er in den letzten Jahren wieder im Kommen ist. 1913 stürzte er an einem unbedeutenden Klapf namens Mandlkogl in den Tod. Heute verleiht die Internationale Paul-Preuss-Gesellschaft jährlich einen Preis an Alpinisten, deren Werk seinen Ideen entspricht, prämiert wurden unter anderem Reinhold Messner und Alexander Huber.

1914 brach der Erste Weltkrieg über Europa herein, die Bergsteigerei nahm eine Pause.

3.

ARBEITERBERGSTEIGER, HEROISCHE PHASE

1925 WILLO WELZENBACH: DENT D'HERENS, NORDWAND
1938 ANDERL HECKMAIR, LUDWIG VÖRG, FRITZ KASPAREK, HEINRICH HARRER:
EIGER-NORDWAND

Bis Ende des Ersten Weltkriegs blieb Bergsteigen mit wenigen Ausnahmen ein Hobby von Oberschicht und Akademikern. Die reine Vorstellung von einem Hobby, einer Freizeitpassion war ein Luxus, der für die wenigsten infrage kam. Zudem war die Arbeit der großen Mehrheit oftmals noch körperlich verdammt hart, während man sich in der Oberschicht in dieser Hinsicht kaum anstrengen musste, um sein Brot zu verdienen. Hier blieben also leicht ein paar Körner übrig, um sich austoben zu wollen.

Fast vierzig Prozent aller Erwerbstätigen arbeiteten in der Landwirtschaft und hätten sowieso keine Chance gehabt, am freien Sonntag mal schnell irgendwo hinzukommen – Bahnhöfe gab es nur in größeren Ortschaften. Auch in den Städten spielte die passende Freizeitbeschäftigung in Ermangelung von Freizeit für die wenigsten eine Rolle. Dabei griff im

Deutschen Reich der Staat noch deutlich stärker zugunsten der Armen in den erbarmungslosen freien Markt ein als im Ausland: Ab dem Jahr 1900 durfte der Arbeitstag nur noch zehn Stunden dauern. Einschließlich Samstag hatte die Woche von nun an nur noch sechzig Arbeitsstunden – das war eine solche Verbesserung gegenüber den Zuständen davor, dass zahlreiche Sportvereine entstanden, die ihr Gründungsjahr bis heute stolz im Vereinsnamen führen: Schalke 04, Mainz 05 oder Borussia Dortmund 09.

In der Weimarer Republik wuchs das Selbstbewusstsein der Arbeiter, sie hatten mit der Einführung des allgemeinen und gleichen Wahlrechts ganz andere Perspektiven politischer Mitwirkung und Wehrhaftigkeit. Mit SPD, USPD und KPD warben gleich drei Parteien um sie, dazu kam das überfällige Wahlrecht der Frauen. Das Absurde der alten Herrschaftsordnungen zeigte sich ja vor allem darin, dass über alle Epochen hinweg über Neu- und Umverteilung von Macht gestritten wurde, hin und her zwischen all den weltlichen, geistlichen, adligen, bürgerlichen, proletarischen Fraktionen, aber immer nur: unter Männern. Nun wog die Stimme einer Frau aus der Unterschicht so viel wie die eines reich geborenen Mannes!

In der UdSSR regierten die Bolschewiken im Namen der Arbeiter und Bauern, die deutsche Arbeiterschicht schnupperte Morgenluft, es roch nach Freiheit. Und Freiheit ist nun einmal eine der großen Emotionen, die wir am Berg erfahren.

Gingen in der zweiten Hälfte des neunzehnten Jahrhunderts die wichtigsten bergsteigerischen Impulse von Wien aus, gaben nun die Münchner Arbeiterbergsteiger den Ton an. Hier besaßen die Arbeiter ein besonderes Selbstbewusstsein – der Sozialist Kurt Eisner hatte im November 1918 den »Freistaat Bayern« ausgerufen und den König abgesetzt. Vor allem natürlich lag München nah an den Alpen, der Alpenverein hatte die Berge mit einem Netz von Schutzhütten überzogen, auch im Münchner Einzugsbereich, etwa im Wetterstein und im Wilden Kaiser. Die wöchentliche Arbeitszeit betrug nur noch 48 Stunden, ab Samstagmittag war Wochenende. Dazu kam eine völlig neue, nun ja, Erfindung: gesetzlich garantierter Erholungsurlaub! Im Schnitt erst einmal nur zehn Tage pro Jahr, aber: Jetzt hatten fast alle Menschen Freizeit und wollten etwas mit ihr anfangen.

Man kann sich das überwältigende Gefühl von Freiheit kaum ausmalen, das die einfachen Leute damals im Gebirge erlebt haben. Nicht nur kamen sie hinaus, erlebten Selbstermächtigung, Natur und Abenteuer, mehr noch: Sie eroberten sich ganz neue Räume.

Zwar existierten zahlreiche akademische Alpenvereinssektionen und Kletterklubs, aber wenn man sich am Berg begegnete, in der Wand, dann spielte die Herkunft keine große Rolle mehr. Die Arbeitslosigkeit infolge der Wirtschaftskrise von 1923 traf die Armen wie immer härter als die Reichen, erwies sich aber ebenso wie spätere Krisen als Turbo für die alpinistische Entwicklung: Wer im Grunde seines Herzens sowieso lieber auf Abenteuer zog, musste sich nicht mehr rechtfertigen und hatte nun alle Zeit der Welt.

Man fuhr mit dem Fahrrad Richtung Kaiser und Wetterstein, nahm Lebensmittel im Anhänger mit, übernachtete im Freien und trainierte sich eine Ausdauer an, die heute kaum vorstellbar ist. Der wunderbare Anderl Heckmair – zu ihm später mehr – radelte nach extremen Klettertouren in den Dolomiten über 200 Kilometer von Bozen nach Bayrischzell nonstop an einem Tag – ohne Gangschaltung auf einem Fahrrad mit dem Gewicht eines Motorrads.

Immer mehr Aktive trainierten auch regelmäßig am Fels, vor allem in Buchenhain am Isar-Hochufer im Süden Münchens. Die Konglomeratfelsen sind so niedrig, dass man kein Seil benötigt, Buchenhain war eines der ersten Bouldergebiete der Welt. Mit gestählten Fingern ging es in den Kaiser, ins Oberreintal; als das ganz große Ziel aber galten die Dolomiten: Hier waren die Wände am höchsten und steilsten und dazu die Auswahl am größten: Drei Zinnen, Brenta, Pala, Civetta, Sella – das Land der unbegrenzten Möglichkeiten im Fels lag südlich des Brenners.

1925 durchstieg der Münchner Emil Solleder, Bilderbuch-Arbeiterbergsteiger vom Jahrgang 1899, mit dem Dresdner Fritz Wiessner – zu ihm später mehr – in der Geislergruppe die Furchetta-Nordwand – 800 Meter Wandhöhe, Schwierigkeitsgrad 6-. Es war bis dahin das wildeste Ding in den Dolomiten, aber Solleder spürte: Da ging noch mehr. Rekapitulieren wir, was der sechste Grad damals bedeutete: Mit Seilen, die einen Vorsteigersturz nur mit Glück hielten, mussten die Helden imstande sein, ihre Schlüsselstelle im Notfall wieder abzuklettern – an den Füßen entweder schwere Bergstiefel oder halbgare Kletterschuhe mit seltsamen Sohlen und miserablen Kanten. Klettern Sie in der Halle mal einen Sechser mit Stiefeln ab, Sie werden sich wundern! Eine Woche nach der Furchetta-Nordwand jedenfalls stand Solleder unter der Civetta. Gustav Lettenbauer war diesmal sein Partner, Münchner wie er. Den sechsten Grad kannte er bereits, allerdings nur aus dem Wetterstein. Vom Wetterstein oder vom Kaiser zur Civetta, das war allerdings ein Unterschied wie vom *Festival der Volksmusik* zu *Death Metal*. Sechs Kilometer ist die Civettawand breit, mit sagenhaften 1200 Metern die höchste geschlossene Felswand der Ostalpen – die Watzmann-Ostwand ist zwar höher, von der Steilheit her über weite Strecken aber doch eher ein Hang als eine Wand. Die Civetta ist außerdem brüchig, in den nordseitigen Ausstiegsrissen auf über 3000 Meter Höhe bleibt der Schnee den Sommer über liegen, sein Schmelzwasser rinnt in Bächen und Wasserfällen in die Route, löst Steinschlag aus … nein, eine Genusstour wurde es nicht. In Wandmitte verletzte sich Lettenbauer, Solleder führte bis zum Ausstieg. Diesmal war es, jawohl, ein glatter Sechser, das alles in vollkommen unfassbaren fünfzehn Stunden Kletterzeit! Diese Seilschaft war ihrer Epoche vielleicht fünfzig Jahre voraus: 1974 kletterten Reinhold Messner und Peter Habeler in zehn Stunden durch die Eiger-Nordwand.

Bis dahin hatte man sich das wirklich schwierige Freiklettern für die kleineren Wände aufgehoben, das war ja damals verwegen genug. Die *Solleder-Lettenbauer* war ein Urknall, der das Spielfeld des Kletterns ins Unendliche vergrößerte: Auch die größten und wildesten Wänden der Alpen kann man klettern, und zwar frei! Später galt die Route als eher gruselig denn schön, aber das steht auf einem anderen Blatt. Auch wenn sie ein wenig vom Klimawandel profitieren dürfte, da in den Ausstiegsrissen weniger Schnee liegen bleibt.

Solleder und Lettenbauer hätten das Zeug für weitere Großtaten gehabt. Solleder jedoch fand als Bergführer an der Meije den Tod, Lettenbauer gab die Kletterei nach dem Absturz eines weiteren Seilpartners auf und starb friedlich als alter Mann 1981 in Erlangen.

Münchner hatten das Tor zu den größten Felswänden aufgestoßen, Münchner waren es auch, die völlig neue Abschnitte der Topographie in Angriff nahmen: Eiswände! Steilere Firnhänge waren nichts Neues mehr, aber da man ja im Eis keinerlei Sicherungspunkte setzen konnte, traute man sich über eine gewisse Steilheit nicht hinaus. Es gab Ausnahmen wie die 600 Meter hohe Nordostwand des Piz Roseg, wo der Bergführer Christian Klucker 1890 in nur fünf Stunden seinen Gast hinaufgeführt hatte, wobei er Hunderte von Stufen für diesen ins Eis schlug, da es noch keine Steigeisen mit Frontalzacken gab.

Natürlich war dieses Stufenklopfen mühsam, aber das Haarige an solchen Unternehmungen blieb lange das Fehlen jeglicher Sicherung. Man schlug eine Standstufe ins Eis, kleinere Stufen zur Fortbewegung und betete, dass der andere nicht fiel.

Das sollte sich nun ändern: 1924 kletterten der Münchner Willo Welzenbach und Fritz Rigele aus Niederösterreich die Nordwestwand des Großen Wiesbachhorns in der Glocknergruppe und brachten dabei zum ersten Mal Fixpunkte im Eis an. Das Wiesbachhorn war nämlich nicht irgendeine weitere Firnflanke, sondern hier versperrte ein steiler Eiswulst den Weg. Den konnten sie sich nicht hinaufhacken, hier mussten sie in künstlicher Kletterei hinauf: Genau darin lag die Herausforderung, die sie suchten.

Rigele hatte eigens zu diesem Zweck Eishaken schmieden lassen, die man sich etwa vorstellen muss wie lange Zeltheringe, nur nicht aus Alu, sondern aus Stahl. Die trieb Rigele ins blanke Eis, sie froren fest, er hängte Trittleitern ein und arbeitete sich so hinauf. Das war revolutionär in zweierlei Hinsicht: Ein so steiles Stück Eis war noch nie bewältigt worden, und zugleich dienten diese Haken auch der Sicherung. Man konnte sich nun also in Passagen hineinwagen, in denen man bislang nur hoffen musste, dass der Partner nicht stürzte und einen mit in den Abgrund riss.

Obwohl die Erfindung auf Rigele zurückging, gilt Welzenbach als der Revolutionär, ja Erfinder des Eiskletterns. Die

Geschichte ist eben manchmal ungerecht. Andererseits: Für eine gescheite Revolution braucht es halt auch die richtige Bühne, und dafür war dieses Vierhundertmeterwandl doch ein bisschen zu unscheinbar. Dass es am Ende eben Welzenbach war, der mit der Nordwand der Dent d'Herens das Tor zu den weißen Wänden endgültig aufstieß, konnte freilich nicht überraschen. 1899 als Spross einer Münchner Beamtenfamilie geboren, fiel seine Sturm- und Drangzeit in die Inflationsjahre, die erste Blüte der »Bergvagabunden«: per Fahrrad fuhren sie mit riesigen Rucksäcken voller Verpflegung in den Wilden Kaiser, das Wetterstein, in die Schweiz ... Als einer der ersten kletterte Welzenbach im Fels den sechsten Grad so selbstverständlich, dass er genügend Weitsicht und Selbstbewusstsein aufbrachte, in seinem Wettersteinführer die damals noch fünfstufige Skala um jenen sechsten Grad offiziell zu erweitern. Über fünfzig Jahre sollte die berühmte »Welzenbach-Skala« in Europa gelten – bis Helmut Kiene und Reinhard Karl 1977 mit ihren *Pumprissen* den siebten Grad hinzufügten (siehe Kapitel 6). Welzenbach forschte ferner über Schneedeckenaufbau, drehte den ersten Lawinen-Lehrfilm, unternahm mehr als fünfzig Erstbegehungen, kurz: Er war einer der wichtigsten bergsteigerischen Köpfe seiner Zeit.

An den Viertausendern der Schweiz fiel ihm auf, dass es dort Wände gab, die überhaupt noch niemand auf dem Schirm hatte: EISwände! Das Wiesbachhorn blieb am Ende bloße Generalprobe, zur Welturaufführung des Eiskletterns wurde die dreimal so hohe Nordwand der Dent d'Herens, die Welzenbach im Folgejahr mit Eugen Allwein durchstieg, gleich neben dem berühmten Matterhorn. Ungerührt von der Gefahr durch Eisschlag kletterten sie – die neuen Eishaken hatten sie natürlich auch dabei – über Séracs und Eisbalkone: eine spektakuläre Route, wie es weltweit keine zweite gab. Von nun an sahen Bergsteiger die Berge mit anderen Augen, würden nicht mehr nur die dunklen, die Felswände nach kletterbaren Linien absuchen, sondern auch die weißen, die Eiswände.

Die Eiswand am Wiesbachhorn übrigens existiert nicht mehr, sie ist abgeschmolzen.

»Bergsteigen ist Wandern, und auch der Bergsteiger ist ein Wanderer ... wir müssen wandern, um unsere Sehnsucht zu töten – sonst würde sie uns töten; wir können, da die Sehnsucht unendlich ist, nie aufhören zu wandern; wir wandern ziellos, der Weg ist Sinn und Ziel ... eine Bewegung ohne Ende – solange wir wandern. Wir aber müssen wandern. Wandern ist Schicksal, unser Glück – unsere Tragik.« Mit solch grüblerisch-schwärmerischen Texten wurde Leo Maduschka, auch er ein Münchner, zum Sprachrohr der Bergsteiger der 20er und 30er-Jahre. Er formulierte als Erster die Idee, Bergsteigen sei keine bloße Aktivität, sondern wie man heute sagt, ein *way of life*: *Bergsteigen als romantische Lebensform* hieß eines seiner Bücher, *Junger Mensch im Gebirg* ein anderes. Er promovierte – warum auch nicht? – zum Thema »Die Einsamkeit im 18. Jahrhundert« und starb in einem Wettersturz in den Ausstiegskaminen der *Solleder-Lettenbauer*. Vermutlich erfror er, womöglich ertrank er auch – bei Starkregen rauschen Sturzbäche durch solche Kaminreihen. Im Sterben, so richtete sein Seilpartner den Freunden aus, sang er ein Lied:

Wir sind die Fürsten dieser Welt
Und unser Reich ist Fels und Eis.

Zum Lebensgefühl der Bergvagabunden sei das gleichnamige Büchlein empfohlen, es beschreibt die Erlebnisse von Hans

Ertl, Erstbegeher der Ortler-Nordwand und später Leni Rie-
fenstahls bester Action-Kameramann. Nirgendwo war dieser
Geist der Bergvagabunden so lebendig und so zu Hause wie
im Oberreintal, einem wildschönen Felskessel im Wetterstein-
massiv. Seit 1921 steht hier die Oberreintalhütte, auf die sich
Wanderer bis heute nicht verirren, weil es keine Wanderwege,
sondern nur Felswände gibt und statt Speisekarte nur eigene
Verpflegung. Den legendären Oberreintalgruß »Hei, mi leckst
am Arsch« alias »HmlaA« des legendären Hüttenwirts Franz
Fischer als Ausdruck purer Kletter-Lebensfreude erwiderte
dort oben einst Anderl Heckmair, der größte aller Bergvagabunden, mit »Du mi aber aa!« Zu ihm später mehr. Biathlonle-
gende Laura Dahlmeier, klammheimlich Teil der noch immer
lebendigen Oberreintalszene, produzierte einen schönen Moment, als sie im Interview plötzlich »HmlaA« in die Kamera
sprach und den Reporter ratlos stehen ließ.

Zurück ins letzte Jahrhundert. Im England der 1920er-Jah-
re hatte man von vornherein größere Ziele als auf dem Kontinent und die notwendigen Mittel dazu. Alpine Club und Royal Geographic Society hatten sich zusammengeschlossen, um
die Besteigung des Mount Everest zu organisieren. Natürlich
die Briten, wer sonst? Sie besaßen eine große bergsteigerische
Tradition, herrschten noch immer über das kolossalste Em-
pire der Welt und fühlten sich für den höchsten Berg derselben mit völliger Selbstverständlichkeit zuständig.

1895 hatte es schon einen britischen Versuch am 8125 Meter hohen Nanga Parbat gegeben, Albert Frederick Mummery als Protagonist dieses Versuchs war zwar ein glänzen-
der Bergsteiger, trotzdem gab es keine ernst zu nehmenden
Aussichten auf Erfolg, stattdessen endete das Unternehmen
mit drei Toten, Mummery eingeschlossen. Auf der ersten

Vorbereitungsexpedition für den Everest wurden zunächst erst einmal Karten rund um den Berg erstellt (heute schauen die Aktiven oft als Erstes schnell auf Google Earth).

Die heute übliche Normalroute am Everest auf der nepalesischen Seite war damals noch gar nicht erkundet, Nepal hielt seine Grenzen für Ausländer noch geschlossen. Die britische Expedition von 1924 musste also von der tibetischen Seite zunächst einen ungeheuer langen Anmarsch bewältigen. Umsichtig und gut vorbereitet, wie sie waren, führten sie Sauerstoffgeräte mit, fürchterlich schwer und umständlich, aber immerhin. Sportlich eingestellt, wie sie waren, überlegten sie bereits, ob der Einsatz dieser rasselnden Ungetüme sportlich okay sei. Am Ende setzten sie sie ein, aber nur widerwillig.

Die Expedition endete wie damals üblich mit dem Tod von einem oder mehreren Bergsteigern (kamen im Zustieg oder auf den Gletschern Träger ums Leben, machten die Sahibs ungerührt weiter). Diesmal hießen die Toten George Mallory und Andrew Irvine. Mallory stammte aus einfachen Verhältnissen und war einer der besten englischen Bergsteiger seiner Zeit, Irvine dagegen war jung und unerfahren, als angehender Ingenieur aber von allen am besten qualifiziert, die primitiven Sauerstoffgeräte zu bedienen und zu reparieren. Sie erreichten mindestens eine Höhe von 8500 Metern, mit der damaligen Ausrüstung eine außergewöhnliche Leistung – und wurden nicht mehr gesehen. Lange wurde spekuliert, ob sie vor ihrem Verschwinden womöglich den Gipfel erreicht haben, es wäre ein wunderbarer, absolut aberwitzig nutzloser Triumph gewesen, in dieser Nutzlosigkeit geradezu nicht zu überbieten: in einer fabelhaften Pionierleistung den höchsten Berg der Erde erstbesteigen, unsterblich werden also, aber nichts davon haben, weil man nicht mehr hinunterkommt. Diese romantische

Vorstellung, dass ein quasi geheim gebliebener Gipfelsieg ihrem Tod noch etwas mehr Glorie verliehen haben könnte, ist leider nicht haltbar. 1999 entdeckte der kanadische Spitzenalpinist Conrad Anker Mallorys Leiche deutlich unterhalb der schwierigsten Passage, die von der tibetischen Seite aus zu bewältigen ist. Anker kletterte im Anschluss jene Schlüsselpassage ohne Hilfe der mittlerweile üppig installierten Fixseile und bewertete sie mit einem soliden sechsten Grad: Diese Schwierigkeit auf über 8000 Meter mit der damaligen Ausrüstung, das muss man leider ausschließen. Zumal die mitgeführten Sauerstoffgeräte zwar Sauerstoff lieferten, aber mindestens sechzehn (!) Kilogramm wogen.

Die Engländer schienen immerhin verstanden zu haben, dass die Zeit für den Everest noch nicht reif war. In den 30er-Jahren versuchten sie es ganz vorsichtig noch ein paar Mal von Neuem, es gab keine Toten. Mit Ausnahme des armen Maurice Wilson: Im Ersten Weltkrieg schwer verwundet, erlitt er – wenn auch mit einem Orden ausgezeichnet – einen Nervenzusammenbruch, heute würde man wohl sagen: ein posttraumatisches Syndrom. Ohne ernsthafte Erfahrungen als Pilot flog er 1933 mit einer der damaligen wackeligen Kisten bis Indien und marschierte illegal in der Rolle eines taubstummen Mönchs durch Nepal, um den Mount Everest zu besteigen. Alleine natürlich, fastend und betend dazu. Man fand seine Leiche irgendwann auf 7000 Metern Höhe.

Die einzige andere Nation, die damals ebenfalls weder Opfer noch Mühen scheute, einen Achttausender für sich zu erobern – diese ungute Vokabel ist leider die zeittypische –, war das Deutsche Reich. Neben den Briten waren die Deutschen allerdings auch die Qualifiziertesten. Zähigkeit und Wagemut von Münchner Arbeiterbergsteigern wie den Brüdern Schmid suchten ihresgleichen: Zu zweit fuhren sie mit dem Fahrrad von München nach Zermatt, Lebensmittel und Ausrüstung im Anhänger, nicht in einem Lastenbike zum Preis eines Lottogewinns – 500 Kilometer plus und in Summe des Aufs und Abs der Alpenpässe 6000 Höhenmeter! Was soll einen nach dieser Anreise noch schrecken? Jedenfalls nicht das fehlende Kleingeld, um im sündteuren Zermatt ein Quartier zu bezahlen. Sie kletterten zum Übernachten kurzerhand auf den Sprungtisch der Sprungschanze, dort bemerkt man sie nicht.

In zwei Tagen steigen sie anschließend durch die Nordwand des Matterhorns, geraten im Abstieg in ein solches Unwetter, dass schon ein Suchtrupp aufbrechen will, aber sie kommen kontrolliert und aus eigener Kraft den Berg wieder herab: das nächste, aber nicht das letzte Highlight der Münchner Arbeiterbergsteiger.

Im Tal und in den Alpenvereinssektionen kämpften derweil nicht nur Schöngeister wie Leo Maduschka, sondern auch Ideologen und Demagogen um die Deutungshoheit in den Bergen. Alle Widerwärtigkeit und Niedertracht der Nazis fand ziemlich ungebremst Eingang in die hehre Welt der Berge: In der Opferbereitschaft fand die martialische Übermenschenideologie der Nazis ihre Schnittmenge mit der friedfertigen Euphorie von Bergvagabunden und Arbeiterbergsteigern.

Und Sektionen des Alpenvereins hatten Juden lange vor 1933 ausgeschlossen, es gab allerdings auch Sektionen, in denen Juden und Sozialisten willkommen waren. Es gab Funktionäre wie Paul Bauer, der nach dem Ersten Weltkrieg dem rechtsradikalen Freikorps beitrat, für ihn war Bergsteigen die »Fortsetzung des Kriegs mit anderen Mitteln«: »Als wir das Gewehr aus der Hand geben mussten, tastete die verwaiste Hand nach dem Pickel.«

Ein fähiger Organisator war Bauer ohne jeden Zweifel, 1929 und 1931 organisierte er zwei Expeditionen an den 8586 Meter hohen Kangchendzönga in Nepal, den dritthöchsten Berg der Erde – ohne dass es Tote gab.

Als hochgestellter Sportfunktionär verfügte er nach 1933 über ausreichend Verbindungen und Mittel, in den folgenden Jahren große Expeditionen an den 8125 Meter hohen Nanga Parbat aufzustellen. Der Anmarsch zum Nanga war nämlich erheblich kürzer als zu den Achttausendern Nepals, hinzukam, dass man an dem deutlich niedrigeren Gipfel keine komplizierten Sauerstoffgeräte brauchen würde. Vor allem war eine Genehmigung für die Berge Nepals nicht mehr in Reichweite, da Nepal unter britischem Einfluss stand. Das deutschbritische Wettrennen um den ersten Achttausender, es ähnelte dem Wettlauf von Russen und Amerikanern auf den Mond dreißig Jahre später.

Bauer fuhr weder 1934 mit noch drei Jahre später, war aber federführend im Hintergrund. Und auch ohne seine Gegenwart gab es kaum ein Expeditionsfoto ohne Hakenkreuzflagge. Tatsächlich hängten die Bergsteiger immer wieder ihre Hüte über die Hakenkreuze auf den Zelten und fotografierten diese auch genauso, diese Bilder jedoch blieben privat. 1934 kamen im Sturm am Nanga vier Bergsteiger ums Leben, unter ihnen Willo Welzenbach. Dazu mehrere Träger – in vielen Quellen fehlen nicht nur ihre Namen, es ist nicht einmal die Zahl der Opfer bekannt. In der Verblendung der »Herrenrasse« waren diese Nichtweißen leider einfach zweitklassig.

Für die Propaganda waren die vier toten »Arier« besser als gar nichts: Man verklärte sie zu Heldentoten im Kampf um den »Schicksalsberg der Deutschen«, sicher die dämlichste Bezeichnung, die man je für einen Gipfel erfunden hat. 1937 wollte man die Scharte auswetzen – Lawine, sieben tote Bergsteiger, und immerhin verzeichnete man diesmal die Zahl der toten Träger, es waren neun. Sechzehn Tote hatte der Sensenmann auf einen Schlag aus dem Leben herausgemäht, man musste kein Nazi sein, um das als besondere Tragödie zu empfinden.

1938 noch ein Anlauf, man fand die Leiche des 1934 verunglückten Expeditionsleiters Willy Merkl sowie des Trägers, der – so die Indizien – bei ihm ausgeharrt hatte, statt sich selbst ins Tal zu retten. Das empfand die Expeditionsleitung als dermaßen lobenswert, dass hier tatsächlich der Name überliefert ist: Gay-Lay, was klingt wie ein schwuler Künstlername. Und dass man das heute sagen kann, ohne jemanden damit zu beleidigen, zeigt, wie sehr wir uns als Gesellschaft seit damals eben doch zum Besseren entwickelt haben.

Zurück in die Alpen: In den 30er-Jahren rückten langsam aber sicher auch die schwierigsten Wände der Alpen in den Fokus. Die glattesten und steilsten von ihnen standen in den Dolomiten, am bekanntesten sicher die Nordwände der Drei Zinnen, die begehrteste und schönste die der Großen Zinne. Kein Vorbau, keine Schrofen, kein Vorgeplänkel: Am Einstieg geht es sofort senkrecht hinauf, mauerglatt und über 500 Meter hoch. 1933 gelang sie dem 1901 in Triest geborenen Emilio Comici, begleitet von den Brüdern Angelo und Giuseppe Dimai. Das Italien Mussolinis war begeistert, Comici bekam einen Posten als Bürgermeister.

Puristen vor allem in Deutschland und England rümpften nicht deswegen die Nase, sondern weil es dort in Italien doch tatsächlich ein Italiener gewagt hatte, anders als gemäß ihren Freikletteridealen eine so große Route zu eröffnen, nämlich in hakentechnischer, künstlicher Kletterei: Comici hatte die

Haken nicht nur zur Sicherung benutzt, er hatte sich an ihnen hinaufgezogen und Trittleitern eingehängt, war passagenweise also gewissermaßen von Haken zu Haken geklettert und nicht von Griff zu Griff. Trotzdem einer der herausragenden Felsgeher seiner Zeit, wiederholte er 1937, um es allen zu zeigen, seine Route allein in sensationellen dreieinhalb Stunden. Nicht Free Solo, sondern allein mit Seil und Trittleitern – nichtsdestotrotz damals eine noch nie dagewesene Leistung.

Der nächste herausragende Bergsteiger Italiens war Riccardo Cassin: Ihm gelangen die erheblich schwierigere Nordwand der Westlichen Zinne und die Nordostwand des Piz Badile im Schweizer Bergell. Hatte man im 19. Jahrhundert erst einmal fast alle Gipfel bestiegen, waren nun auch die meisten der ganz großen Wände geschafft, übrig blieben noch ein paar ganz große Kaliber in den Westalpen. Dort sind die Berge höher, die Wandhöhen größer, Zu- und Abstiege länger, und sie führen oft über Gletscher. Die großen Westalpenwände wie etwa die Nordwand des Matterhorns sind nicht so steil und mauerglatt wie in den Dolomiten, aber insgesamt deutlich anspruchsvoller, allein schon, weil meistens Passagen in Fels UND Eis zu bewältigen sind.

In der Szene war schon lange die Rede von den »letzten drei Problemen der Alpen«: den Nordwänden von Matterhorn, Eiger und Grandes Jorasses, jede für sich die markanteste, schönste und offensichtlichste Wand in den drei großen Gebirgsgruppen der Westalpen – Wallis, Berner Oberland, Montblancgebiet. Die Nordwand des Matterhorns hatten sich 1931 die Brüder Schmid geholt, um die anderen zwei Wände entspann sich ein Wettrennen. An den Grandes Jorasses markieren zwei wuchtige Pfeiler die Wand, der rechte, etwas kürzere führt auf die Pointe Croz, der linke auf die Pointe Walker.

Der Crozpfeiler gelang 1935 den Münchnern Martin Meier und Rudolf Peters, 1938 ging der großartige Walkerpfeiler an den großartigen Italiener Riccardo Cassin und seine Begleiter Gino Esposito und Ugo Tizzoni. »Der Walker« ist seither eine der begehrtesten, weil schönsten Bergfahrten der Welt, bei guten Bedingungen im Sommer überlaufen: zu Recht. Vom tiefsten zum höchsten Punkt der Wand zieht er hinauf, wuchtig und elegant zugleich, im Vordergrund der ebenmäßig gewundene Leschaux-Gletscher. Bei guten Bedingungen im Spätsommer ist der legendär feste Montblancgranit trocken und eisfrei, bietet endlose Genusslängen in wildschöner Umgebung.

Ganz anders die Eiger-Nordwand, die sich über dem Tal von Grindelwald so düster aus den Almweiden erhebt, dass sie der große französische Bergsteiger Gaston Rébuffat einst mit einem Grabstein verglich. Fünf Kilometer breit und rund 1,7 Kilometer hoch, bildet die Wand ein Halbrund wie ein Amphitheater. Liegt der Einstieg des Walkerpfeilers bereits auf 3000 Meter, setzt die Eigerwand fast 1000 Meter niedriger an. In der Folge sind die Temperaturen in der Wand höher, es gibt mehr Tage mit einem Temperaturverlauf von unter null auf über null und zurück, also mehr Frostsprengung, mehr Erosion, mehr Steinschlag, mehr Lawinen. Die schönere Hälfte der Wand ist eindeutig die obere, hier ist es kälter und der Fels weniger brüchig.

Die ersten, die sie versuchten, die Münchner Sedlmayr und Mehringer, starben 1935 an Erschöpfung im Schlechtwetter. Ihr Biwakplatz auf einer kleinen Kanzel in Wandmitte, auf dem das Leben aus ihnen wich, heißt schlicht und ergreifend »Todesbiwak« und wird immer noch benutzt, da er vor Steinschlag geschützt ist. Ein Jahr später stiegen zwei

Seilschaften gleichzeitig ein, die Deutschen Toni Kurz und Andreas Hinterstoißer sowie die Österreicher Willy Angerer und Edi Rainer. Sie schlossen sich zusammen, Hinterstoißer überwand eine schwierige Passage, indem er sich halb kletternd, halb im Seil hängend nach links hinüberschob – Seilzugquergang nennt man das. Und dann: Steinschlag, Angerer verletzt, Rückzug. Angerer, Hinterstoißer, Rainer sterben durch eine Lawine. Kurz hängt wenige Meter über seinen Rettern im Seil, dann stirbt auch er. Zwischensumme: sechs Tote. Die erstmals überwundene Seilzugpassage heißt seitdem *Hinterstoißer-Quergang*.

Ein Jahr später versuchten es der Deutsche Ludwig »Wiggerl« Vörg und der Tiroler Mathias »Hias« Rebitsch. Sie kamen nicht durch, aber immerhin lebendig zurück, sie seilten ab. Im Frühsommer 1938 nächster Versuch durch die Italiener Bartolo Sandri und Mario Menti: Schlechtwetter, Rückzug, Absturz. Acht Tote.

Im selben Jahr besetzten die Nazis ein sich nicht wirklich widersetzendes Österreich. Am Eiger stiegen die Österreicher Heinrich Harrer und Fritz Kasparek ein, einen Tag später die Deutschen Anderl Heckmair und Wiggerl Vörg, der den unteren Teil der Wand vom Vorjahr kannte und wusste, wie lang die Eisfelder waren. Vielleicht hatten sie sich deswegen die neuartigen zwölfzackigen Steigeisen bauen lassen, mit zwei waagrecht nach vorn stehenden »Frontalzacken«. Damit konnten sie die Eisfelder hinaufsteigen wie eine Leiter. Die Österreicher mit ihren Zehnzackern dagegen hatten über das ganze 400 Meter lange zweite Eisfeld mit dem Eispickel Stufen schlagen müssen. Heckmair und Vörg überholten die beiden, Wettersturz, sie taten sich zusammen. Heckmair, der stärkste von ihnen, übernahm die Führung, stürzte, probierte wieder und führte alle hinaus aus der Wand, zurück ins Tal und ins Leben.

Für die Nazipropaganda war es leider eine Steilvorlage: Da die Mordwand, dort zwei mutige Österreicher und zwei noch mutigere Deutsche, die nach heroischem Ringen mit den Ösis im Schlepptau den Berg besiegten. »Noch in der Nacht trafen Glückwunschtelegramme ein, eines aus der Reichskanzlei im Namen Hitlers, er wünschte uns zu sehen. Da gab es kein Entrinnen ... ich hätte viel lieber den Plan, an die Grandes Jorasses zu fahren, um den Walkerpfeiler zu machen, ausgeführt«, erinnerte sich Heckmair, »so waren wir ... nicht mehr Herr unserer eigenen Entschlüsse. Wir wurden einfach vereinnahmt. In voller Uniform, nicht sehr taktvoll gegenüber der neutralen Schweiz, erschienen Stammführer von der Ordensburg Sonthofen und holten uns als ›Nationalhelden heim ins Reich‹. Hernach weiß man wohl, was man hätte machen sollen. Wir waren damals von unserem Erfolg und der Reaktion wie betäubt und fügten uns dem Willen anderer.«

Den Walkerpfeiler sicherte sich Riccardo Cassin, Heckmair und seine Seilgefährten kamen dafür in die Wochenschauen, in die Zeitung, wurden von Hitler empfangen. Der Legende nach meldete Heckmairs Bruder ihn noch rasch polizeilich an, damit er nicht als Landstreicher aufflog, tatsächlich hatte Heckmair jahrelang keinen festen Wohnsitz gehabt. Der »Held der Eiger-Nordwand« machte eine Weile mit, genoss die Aufmerksamkeit, warme Mahlzeiten, die weichen Betten. Er war so unpolitisch, dass er später den unglücklichen Satz formulierte: »Ich verstand gar nicht, warum der Hitler von uns so begeistert war, der war ja eher unsportlich.«

Nach dem Überfall auf Polen ergingen Einberufungsbefehle an Millionen von Männern in allen möglichen Ländern, die Kletterszene vom Oberreintal traf sich noch einmal für ein rauschendes Fest und nahm Abschied: von ihren Bergen und voneinander. Und Heckmair begriff während einer Rede Hitlers – er saß wieder bei den Ehrengästen –, dass der einen noch größeren Krieg wollte. Da wollte, da konnte er nicht dabei sein, stand heimlich auf und ging. Er wurde in die SS-Ordensburg Sonthofen abkommandiert und nahm die Stellung, die man ihm nahelegte, unter einer Bedingung an: dass er eine Expedition in den Himalaya organisieren dürfe. Er selbst hatte 1936 noch KPD gewählt, obwohl er kein Kommunist war – einfach um die Nazis zu ärgern. Auch war er viel zu sehr Dickschädel und Quertreiber, als dass die Episode in Sonthofen hätte gut gehen können: »Bei einem Vortrag von Reichsleiter Ley drückten wir uns, und ein SS-Lümmel erwischte uns beim Schafkopfen, machte einen Riesenkrach und es gab einen Sonderrapport ... es folgten ungemütliche Monate am Mittelabschnitt der Ostfront.«

Dort war Wiggerl Vörg, sein Partner vom Eiger, schon in den ersten Tagen des Russlandfeldzugs gefallen.

4.

ACHTTAUSENDER
UND DIE EISENZEIT

1950 MAURICE HERZOG, LOUIS LACHENAL: ANNAPURNA, ERSTER ACHTTAUSENDER
1970 CESARE MAESTRI: CERRO TORRE, *KOMPRESSORROUTE*

Nach den Verwüstungen des Zweiten Weltkriegs lag Europa in Trümmern, praktisch alle waren sie traumatisiert: Männer von ihren Fronterlebnissen, Frauen von den massenhaften Vergewaltigungen der Besatzer. Bergsteigen hatte Pause. Die ersten, die wieder große Aktionen wagten, waren Angehörige der Siegermächte: 1946 gelang den Franzosen Lionel Terray und Louis Lachenal die zweite Begehung der Eiger-Nordwand. Erstbegeher Heckmair freute sich: »Es war mir geradezu eine Genugtuung, dass es ausgerechnet Franzosen waren. Hatte man uns doch nationalen Kampfgeist in die Schuhe geschoben und unsere Tat mit dem Nationalismus verquickt.« Er gratulierte per Telegramm, Terray und Lachenal luden ihn ein nach Chamonix ins Montblancgebiet. Er könne nicht kommen, telegrafierte Heckmair zurück, es gebe ja kaum genug zu essen. Die Franzosen schickten dem Deutschen, dem sie nie persönlich begegnet waren, Fresspakete.

Die Bedeutung dieser Zweitbegehung liegt in der Haltung, aus der sie hervorging. Terray, Lachenal und Heckmair waren nicht die ersten oder einzigen, die den Nationalismus überwanden, aber im richtigen Moment dieser so notwendigen Entwicklung waren führende Bergsteiger wie sie eben dabei. Die Völker Europas sehnten sich nach Frieden; mit Nationalismus – so hatten sie lernen müssen – war Frieden nicht möglich. Diese Erkenntnis mündete in die Römischen Verträge von 1957, die die Grundlage bilden sollten für die Europäische Union, wie sie heute besteht. Und im Sinne der Werte, um die es dabei bis heute geht, sei ein Exkurs gestattet über einen Begriff, der beim Bergsteigen eine große Rolle spielt: Kameradschaft. Viele assoziieren das Wort mit Militarismus oder gar rechtslastigem Zeug. Das ist Unsinn.

Das Wort »Kamerad/in« bedeutet nämlich einfach »(freundschaftliche/r) Gefährte (oder Gefährtin)« – in einem Lebensabschnitt, einem bestimmten Umfeld, bei einer gemeinsamen Unternehmung ... Der englische Begriff für »Kamerad« – *comrade* – steht ja zugleich auch für das sozialistische »Genosse«, aber Gefährtenschaft ist natürlich weder links noch rechts, sondern einfach: menschlich. Und wir dürfen den Nationalisten nichts schenken und einen so wichtigen Wert schon gar nicht. Wenn wir Demokraten die Begriffe von »Kameraden« und »Kameradschaft« für uns reklamieren, nehmen wir denen etwas weg, die dieses Land, diesen Kontinent und auch die Bergsteigerei immer noch gern führen würden wie die, die Heckmair und seine Kollegen für sich einspannen wollten.

Terray übrigens betitelte seine Memoiren später mit *Les Conquérants de l'inutile*, meist übersetzt mit »Eroberer des Sinnlosen«, es heißt aber eigentlich »Eroberer des Nutzlosen« – eine glorreich schöne Umschreibung für das, was Bergsteiger eben tun.

Zurück zum Sport. Frankreich kam in unserer Geschichte des Bergsteigens bislang ziemlich kurz, es ist halt eine kleine Geschichte des Bergsteigens und keine vollständige. Aber das heißt natürlich nicht, dass es dort keine großen Bergsteiger gab und gibt. Natürlich hatte Frankreich exzellente Alpinisten wie etwa den aus Paris stammenden Pierre Allain. In seinen Heimatfelsen, den Sandsteinblöcken von Fontainebleau, dem ältesten Bouldergebiet der Welt, war er einer der ersten »Bleausards«, die das Bouldern nicht als bloßes Training für die hehren Ziele im Gebirge ansahen, sondern als Selbstzweck. Hier kletterten sie damals schon Stellen, bei denen auch heutige Profis ins Schnaufen kommen, hier baute Allain den weltweit ersten Kletterschuh mit profilloser Gummisohle. Leichte Kletterschuhe statt schwerer Bergstiefel hatte man auch woanders schon in Verwendung – zum Beispiel im Elbsandstein –, allerdings ohne vernünftige Sohlen. 1935 gelang Allain im Montblancgebiet die Nordwand des Petit Dru, die Schlüssellänge »Allain-Riss« ist nach ihm benannt. Seine Kletterschuhe, die berühmten grünen »PA« wurden bis in die 80er-Jahre produziert, setzten sich aber erst dann wirklich durch, als das Freiklettern in den 70ern wichtig wurde.

Und mit dem Montblancgebiet liegt in Frankreich der Gebirgsstock mit den meisten großen, schönen, schwierigen Wänden der Westalpen. Vor allem ist der Granit fast überall bombenfest und ermöglicht herrliches Klettern, während der weiche Kalk im Wallis und im Berner Oberland viel stärker erodiert und brüchig ist. Zeigt der Fels am Eiger ein schmutziges Grau wie Altpapier, leuchtet der Montblancgranit braungelb wie ein knuspriger Toast. So finden wir die schönsten hochalpinen Routen im Montblancgebiet.

Während des Krieges riskierte dort kaum jemand seine Haut, und natürlich gab es nun nach dem Krieg eine ganze Generation junger begabter Bergsteiger, die mit den Hufen scharrte. Neben den bereits genannten Terray und Lachenal stach vor allem der aus Marseille stammende Gaston Rébuffat hervor, wurde zum *spiritis rector* einer ganzen Generation französischer Bergsteiger, die seine Bücher wie *Sterne und Stürme* auswendig kannte. Gleich nach Kriegsende kletterte Rébuffat den großartigen Walkerpfeiler und wagte wenig später die vierte Begehung des Crozpfeilers an der Grandes-Jorasses-Nordwand mit einem Ausbildungskurs (!) von Bergführeranwärtern.

1950 schickten die Franzosen eine Expedition an die 8091 Meter hohe Annapurna in Nepal. In den 30er-Jahren, wir erinnern uns, lieferten sich Briten und Deutsche an Everest und Nanga Parbat ein fantastisch erfolgloses Wettrennen um den ersten Achttausender, am Ende lagen die Deutschen im *bodycount* unfreiwillig vorn. Die Franzosen, sie hatten vor dem Krieg im Himalaya keine Verluste erlitten, riskierten es nun als Erste. Natürlich hatten auch sie eine gewisse koloniale Routine und ließen ihr Gepäck von Einheimischen schleppen, in jedem Fall gelang ihnen gleich im ersten Anlauf die erste Besteigung eines Achttausenders: Der Unbezwingbarkeitsmythos der Eisriesen war endlich gebrochen.

Den Gipfelerfolg verdankten sie dabei ganz wesentlich dem Ehrgeiz von Maurice Herzog. 1919 in Lyon geboren, hatte er bei der Resistance gekämpft und war nun Expeditionsleiter – trotz geringer alpinistischer Expertise. Am Ende kamen nur er und Louis Lachenal auf den Gipfel und auch nur um

Haaresbreite wieder herunter, von den unteren Lagern ins Tal musste man sie tragen, beide verloren Finger und Zehen.

Herzogs *Annapurna* wurde eines der meistverkauften Bergbücher aller Zeiten, in diesem Buch war er der Held. In Wahrheit war Lachenal vom höchsten Lager aus nur deshalb mit ihm hinauf zum Gipfel gestiegen, um auf Herzog aufzupassen. Lachenal hatte Angst, seine Zehen zu verlieren und damit den Lebensunterhalt als Bergführer, aber er hatte auch Angst um seinen Kameraden, weil der so ehrgeizige Herzog sonst allein in den sicheren Tod gegangen wäre. Lachenals Darstellung wirkt völlig glaubhaft, zumal Herzogs eigene Tochter über ihren Vater äußerte: »Er schrieb Geschichte um, betrog und ignorierte seine Begleiter, ohne je auf die Idee zu kommen, dass er andere verletzte.« Beste Voraussetzungen für eine große Karriere, Herzog wurde unter de Gaulle Minister für Jugend und Sport sowie später Mitglied des IOC.

Mit den Franzosen ging es 1952 am Eiger wieder einen Schritt in Richtung Europa: Gaston Rébuffat und drei Landsleute sowie Deutsche und Österreicher schlossen sich im Unwetter zusammen, kämpften ums nackte Überleben. Am Ende holte der überragende Hermann Buhl aus Innsbruck die Kastanien aus dem Feuer und stieg die schwierigsten Passagen voraus. Wieder ein Zusammenschluss der vormaligen Kriegsgegner, der italienische Journalist Guido Tonella jubelte: »Bergsteigen steht über den Nationen. Bergsteiger sind Brüder. Sie alle bilden eine Seilschaft!«

Eine andere Lösung, als sich in der Not zusammenzuschließen, hätte es vernünftigerweise gar nicht gegeben, aber halten wir fest, um wieviel angenehmer die öffentliche Wahrnehmung von Bergsteigen jetzt auf einmal geworden war. Vor allem gebührte den Franzosen das Verdienst, dass sie dem

Bergsteigen jenen Aspekt von Poesie zurückgaben, der in der heroischen Phase verloren gegangen war. Wenn Rébuffat über eine der Nächte in der Wand schrieb, betonte er nicht die Härten, sondern die Gemeinsamkeiten: »Der Leib ist unzufrieden, Schnee kriecht in die Ärmel und in den Hals, die Finger sind steif, die Füße frieren ... ich fühle, dass es meinen Kameraden ebenso geht, auch bei den Deutschen und Österreichern ist es so, es ist eben bei allen Menschen dasselbe ... (Aber) die Freundschaft wärmt uns. Und die Zigaretten, unter freiem Himmel geraucht ..., haben einen unvergleichlichen Duft.«

Im selben Jahr versuchten Schweizer im Vor- und im Nachmonsun gleich zweimal den Everest. Einer der Sherpas, die als Hochträger engagiert waren, erwies sich dabei als so guter Bergsteiger, dass man ihn mit einem Schweizer Sahib den Gipfel versuchen ließ: Tenzing Norgay. Fürs Folgejahr hatten sich die Briten das Permit für einen Versuch gesichert, der Neuseeländer Edmund Hillary war eigentlich mehr ein Zählkandidat, um das Commonwealth zu repräsentieren. Am Ende stand er mit Tenzing Norgay gemeinsam oben, und es gab auf kuriose Art ein bisschen Gerechtigkeit für all die Träger und Sherpas, die seit Jahrzehnten ungenannt in den Tod oder ins nächste Lager gegangen waren: Weil Norgay die Kamera nicht bedienen konnte, um ein Bild von Hillary zu machen, nahm nur Hillary ein Foto auf. Es ging um die Welt und zeigte nicht den weißen Sahib, sondern – den Sherpa.

Als sie im Abstieg ihren ersten Kollegen wiedertrafen, sprach Hillary den schwer zu Unrecht nicht berühmt gewordenen Satz: »We finally knocked the Bastard off!« Frei übersetzt: »Haben den Sch...zapfen endlich erledigt!« Die Nachricht des Triumphs erreichte England, wenn auch mit anderen Worten, am Vorabend der Krönung von Queen Elizabeth und verlieh dem bröckelnden Weltreich noch einmal einen kurzen Glanz.

Journalisten, Politiker und auch Bergsteiger stritten, wem von beiden der größere Verdienst zukam. Hillary und Norgay aber stritten sich nie, sie blieben wirklich und einfach: Freunde. Für andere blieben die Sherpas noch lange Jahre nur nützliche Eingeborene. Hillary begegnete Norgay und den anderen Sherpas auf Augenhöhe und zeigte sich bis zu seinem Tod als fantastischer Botschafter sowohl des Bergsteigens als auch des Commonwealth, gründete den *Himalayan Trust,* der bis heute nepalesische Krankenhäuser und Schulen finanziert.

Im selben Jahr 1953 waren die Deutschen wieder am Nanga Parbat, diesmal mit Verstärkung aus Österreich: Hermann Buhl. Leiter und Generalissimus war der Münchner Arzt Karl Maria Herrligkoffer. Er bestieg zwar nie einen schwierigen Berg, war aber ein genialer Organisator, gerissen im Umgang im Sponsoren und mit Feldherrnattitüde gegenüber den Bergsteigern, die ihm sportlich sämtlich weit überlegen waren: »Ein außergewöhnlicher Mensch war er ... seine drei großen Leidenschaften waren junge Medizinstudentinnen, das Organisieren von Expeditionen und das Führen von Prozessen. Aber wir alle verdanken ihm viel.« schrieb Hans Saler, Teilnehmer einer späteren Herrligkoffer-Expedition zum Nanga Parbat.

Herrligkoffers besondere Motivation war der Tod seines Halbbruders Willy Merkl, der 1934 am Nanga ums Leben gekommen war (siehe Kapitel 3) und dem er Schriften widmete wie *Willy Merkl. Vom Karwendel zum Nanga Parbat. Eines grossen Bergsteigers schicksalhafter Kampf.* Herrligkoffer hatte mit dem Berg also eine Rechnung offen und ließ die Mannschaft schwören: »Wir geloben ... ehrenhafte Kämpfer zu sein, zum Ruhme der Bergsteigerei in der ganzen Welt und zur Ehre unseres Vaterlandes.« Ja, es war schon alles verdammt ernst. »Schicksalsberg der Deutschen« hatten die Nazis den armen Nanga Parbat getauft, über dreißig tote Träger und Bergsteiger machten ihn natürlich und speziell für die Deutschen zu einem besonderen Gipfel, aber kein Berg der Welt verdient einen Namen wie ein Rosamunde-Pilcher-Film.

Auch Hermann Buhl, der schon vor Abreise als einer der stärksten Bergsteiger seiner Zeit galt, hatte eine Rechnung offen: mit dem Leben an sich. Er hatte Jahre im Waisenhaus gelebt, bis Verwandte ihn irgendwann aufnahmen, diese Expedition war seine Chance auf den ganz großen Ruhm. Meter um Meter nun schoben Bergsteiger und Hochträger die Lagerkette höher, schleppten Vorräte und Fixseile hinauf, Herrligkoffer kommandierte über Funk. Schließlich saß Hermann Buhl mit drei Kollegen im letzten Lager auf 6900 Meter. Herrligkoffer erlaubte keinen Gipfelversuch, trotzdem brach Buhl allein Richtung Gipfel auf – 1200 Höhenmeter unbekanntes Gelände, Rettung ausgeschlossen. Noch einmal: 31 Tote hatte es hier gegeben, erst zwei Achttausender waren überhaupt bestiegen.

Buhl erreichte den Gipfel, im Abstieg brach die Nacht herein. Dies waren keine Firnhänge wie an manch anderem Achttausender, wo man auch eine Herde Schafe hinauftreiben oder mit Skiern abfahren könnte, sondern Absturzgelände. Buhl hatte keinen Kocher, keinen Schlafsack, nichts. Andere wären schon aus Angst gestorben, er verbrachte jetzt auf über 8000 Metern Höhe die Nacht IM STEHEN. Bei Tagesanbruch setzte er den Abstieg fort und hatte seine Rechnung mit dem Leben beglichen. Er war nun eine Legende.

Er hatte ein paar Tabletten Pervitin genommen, heute bekannt als Methamphetamin, Speed oder Crystal Meth.

Erfunden von Japanern, verabreichten die Nazis es in über 30 Millionen Tabletten an deutsche Frontsoldaten. In den 50ern verbreitete es sich rasant im internationalen Sport und unter Musikern, sogar Adenauer nahm es, angeblich bekamen es auch die »Helden von Bern« 1954 in der Halbzeitpause und angeblich hatte es sich auch Maurice Herzog an der Annapurna verabreicht. Warum also hätte Buhl es nicht nehmen sollen? Es gab keine Dopingregeln und kein Problembewusstsein, Pervitin blieb, wenn auch rezeptpflichtig, bis 1988 (!) als Medikament im Handel. Buhl war quasi – kleiner Scherz – der erste Speedbergsteiger der Geschichte. Als Bergführer und Vater von drei Töchtern chronisch knapp bei Kasse, stellte ihn das Münchner Sporthaus Schuster als »Berater« ein, fungierte damit als einer der ersten Privatsponsoren der alpinen Geschichte. 1957 gelang Buhl die Erstbesteigung des Broad Peak (8051 m) im Karakorum, kurz danach kam er beim Versuch der Erstbesteigung der Chogolisa (7668 m), einem bildschönen Siebentausender, ums Leben. Er trat bei schlechter Sicht an einem ausgesetzten Firngrat eine Wechte ab und wurde nie gefunden.

Mit von der Partie am Nanga Parbat war der Bergfilmer Hans Ertl, der nach dem Krieg nach Bolivien ausgewandert war. Er fühlte sich zu Unrecht als Nazi verfemt, war aber nun mal für Leni Riefenstahl mit umgeschnallter Kamera von Skischanzen gesprungen und überaus erfolgreicher Kriegsberichterstatter dazu. Nachdem sein wirklich großartiger Film über Hermann Buhls Nanga-Parbat-Besteigung den Bundesfilmpreis nicht erhielt, wanderte er vor lauter Wut quasi noch einmal aus, nämlich von der Hauptstadt La Paz in den Dschungel. Auf seiner Farm ging der SS-Verbrecher Klaus Barbie – allerdings unter dem Namen Klaus Altmann – ein und aus, Ertls älteste Tochter Monika nannte ihn »Onkel Klaus«. Die bizarre Idylle zerbrach, als Che Guevara 1966 seinen Guerillakampf in Bolivien fortsetzen wollte: Barbie kam als Folterexperte zu Geld und Ansehen, Monika Ertl ging in den Untergrund und erschoss 1971 in Hamburg den mutmaßlichen Mörder Che Guevaras. Obschon jetzt meistgesuchte Frau der Welt, plante sie die Entführung von Klaus Barbie, der ihr jedoch mutmaßlich zuvorkam, sie wurde 1973 in Bolivien in einem Hinterhalt erschossen und nie gefunden.

Zurück zum Sport: Der andere herausragende Bergsteiger der 50er und dann der 60er war der Italiener Walter Bonatti, 1954 mit von der Partie bei der Erstbesteigung des K2. Aus nicht ganz geklärten Gründen, vermutlich war es schlicht ein Missverständnis, kam es dazu, dass er auf 8000 Meter eine Nacht im Freien verbringen musste. Erstaunlicherweise überstand er dieses Biwak ohne Erfrierungen, aber nicht ohne hinterher erhobene Vorwürfe. Und dass die Gipfelsieger Lacedelli und Compagnoni, die ihm bergsteigerisch nicht das Wasser reichen konnten, hinterher als Helden gefeiert wurden, machte es natürlich auch nicht besser. Im Folgejahr warf er alles in einen fünf Tage dauernden atemberaubenden Alleingang: Wut, Frust, Verzweiflung, seinen Wagemut, sein Können, sein Leben. Und wählte eine angemessene Bühne, nicht irgendeine Wand, die halt einigermaßen schwer war, sondern die Westwand der Aiguille du Dru: ein schlankes, sich spitz nach oben verjüngendes Dreieck, 1000 Meter hoch. Es ist – ich lege mich fest – die schönste Felswand der Alpen. Von dem Örtchen Les Praz zwischen Chamonix und Argentière kann man sie in voller Größe sehen, abends leuchtet die Westwand als letzter Berg rot in der tiefstehenden Sonne, während ringsum alles schon im Schatten liegt. Wer sich bei diesem Anblick noch fragt, warum Menschen auf Berge steigen, dem ist nicht zu helfen.

Der Pfeiler, der die Wand seitlich begrenzt, fußt absurderweise in einer Rinne, einer Schlucht mit so viel Steinschlag, dass man dort kaum lebendig hinauf zum Anfang des Pfeilers kommt: ein Hades, ein Eingang zur Hölle. Der Pfeiler selbst ist fest und bietet fantastisches Klettern. Bonatti seilte sich schräg von oben zum Einstieg ab, er MUSSTE den Ausstieg erreichen – hätte er umkehren müssen, dann durch die Höllenschlucht ins Tal. Nach mehreren Tagen in der Wand versperrte ein Überhang den Weg, es ging nicht mehr weiter. In letzter Verzweiflung schnürte der einsame Bonatti ein Bündel aus Haken und anderer Hardware, band es ans Seilende, warf es immer wieder hinauf, bis es sich IRGENDWO verhakte, ohne dass er sehen konnte, wo. Er hängte sich ins Seil, es hielt, er kehrte zurück ins Tal als bester Bergsteiger der Welt, noch ein bisschen besser als Buhl.

Das Trauma vom K2 war überstanden, aber möglicherweise nicht ganz. Immer wieder brach Bonatti allein in große Wände auf, immer wieder fühlte er sich missverstanden und ungerecht behandelt, immer klingt das in seinen Schriften leider auch ein wenig humorlos. 1961 war er der große Held in einem besonderen Drama: mit sechs anderen Bergsteigern im Wettersturz gefangen am Frêneypfeiler an der Südseite des Montblancgebiets, Blitzschlag, Rückzug. Am Ende waren vier von sieben nicht mehr am Leben. Ohne Bonatti aber, der im Rückzug das Kommando übernahm und das Gelände am besten kannte, hätte es sicher kein einziger zurück ins Tal geschafft. Wieder fühlte er sich missverstanden, schlecht behandelt – zu Recht, zu Unrecht, wer will das beurteilen? 1965 bewies er es sich selbst und allen anderen ein letztes Mal: Zum hundertjährigen Jubiläum der Matterhorn-Erstbesteigung kletterte er eine neue Direktroute durch die Nordwand des berühmtesten aller Alpengipfel, allein und im Winter. Dann war Schluss mit Bergsteigen. Bis 1979 reiste er als Fotoreporter an entlegene, schwer zugängliche Orte. 1997 und 2003 bricht sein »Bonattipfeiler« an der Dru, eine der begehrtesten und großartigsten Klettertouren der Welt, in zwei gewaltigen Bergstürzen ins Tal, die ziemlich sicher auf die Klimaerwärmung zurückzuführen sind. Fest steht aber auch, dass die Zone unterhalb des Pfeilers schon vorher labil war.

Sicher ist nur: Der Erstbesteiger lebte länger als seine Route, was natürlich höchst selten der Fall ist. Bonatti wurde einundachtzig Jahre alt, die letzten dreißig Jahre war er verheiratet mit der Schauspielerin Rossana Podestà. Einer ihrer Filmtitel beschrieb den Charakter ihres Gatten recht gut: *Männer ohne Tränen.*

Bonattis Ära, die 50er- und 60er-Jahre, war geprägt von einer heute verblendet anmutenden Technikgläubigkeit, freizügiger Umgang mit Substanzen wie dem Pervitin, das Buhl am Nanga eingeworfen hatte, war vollkommen normal und für diese Weltsicht typisch. Alle, wirklich alle Probleme schienen mit Wissenschaft und Technik lösbar, für alles schien es eine Formel zu geben. Mit der Atombombe hielt man die Russen in Schach, Kunstdünger steigerte die Agrarerträge, das Fließband die Produktivität, den Gemütszustand regulierten Antidepressiva, Aufputschmittel und Schlaftabletten. Dass das technische Klettern in genau dieser Ära seine Blütezeit erlebte, war nur folgerichtig: Haken in die Wand, Trittleiter rein und das Ganze von vorn. Abgesehen von dieser Technikgläubigkeit war diese Zeit aber auch eine sehr ästhetische Epoche – und zum ästhetischen Ideal des Kletterns wurde die *Direttissima.* Nicht den langweiligen natürlichen Strukturen wollte man folgen, nein, schnurgerade, wie ein Wassertropfen herabrann, wollten die Kletterer die Wände hinaufklettern. Im Zweifelsfall eben technisch: Haken in die Wand, Trittleiter rein und das Ganze von vorn.

1958 rang der aus der DDR emigrierte Dieter Hasse mit drei Kameraden der Großen Zinne eine atemberaubende Direktroute ab, die dabei noch äußerst schwieriges Freiklettern verlangte. Für die vielen technischen Passagen mussten sie sich nicht rechtfertigen, technisch oder künstlich klettern war ja die aktuelle Stilform. Hier gab es nun eine wichtige und heikle Neuerung: den Bohrhaken. Für die sogenannten »Normal-« oder »Schlaghaken« braucht es immer einen Riss oder ein Loch, wo man den passenden Haken mit dem Hammer hineintreiben kann. Ist der Fels aber geschlossen, geht das nicht. Dann kommt der Bohrhaken zum Einsatz: mit dem Meißel ein Loch in den Fels hämmern (damals noch in Handarbeit), Expansionsdübel hinein, fertig. Sofern der Fels nicht großflächig brüchig ist, geht ein Bohrhaken überall. Und mit Trittleitern, die man in Bohrhaken einhängt, kann man sich überall, wirklich überall hinaufarbeiten.

Bergsteigen *by fair means* als Gegenentwurf, das assoziieren viele mit Reinhold Messner, aber die Idee ist viel älter. Es begann mit den Führerlosen, die ohne Hilfe anderer hinaufwollten, ging weiter mit den Idealen des Freikletterns von Paul Preuß und den Engländern, die schon 1924 am Everest sinnierten, ob das mit dem künstlichen Sauerstoff noch okay sei oder nicht. In diesem Kontext ist der Bohrhaken quasi der Generalschlüssel, um fast überall im Fels hinaufzukommen: Mephisto verführt den bergsteigenden Dr. Faust. Man kann die Geschichte des Felskletterns seit damals auch betrachten als eine Geschichte des Umgangs mit Bohrhaken, er wird uns daher noch öfter begegnen.

Das technikgläubige Zeitalter hatte jedenfalls den Kern des Natursports Klettern erreicht, aufgeweicht. Es drohte, genau, mal wieder der »UdA!«. Am exzessivsten – und irgendwie auch am abstraktesten – ging es zu in der Nordwand der Westlichen Zinne. Die erste Route, die *Cassin-Führe*, stieg ganz rechts ein und querte vernünftigerweise erst oberhalb jener riesigen Überhänge in die eigentliche Wand hinein. Diese Überhänge sind in den gesamten Alpen einmalig. Wer in einem Treppenhaus steht und die Stufen von unten anschaut, der hat eine Vorstellung der Überhänge in der Westlichen Zinne.

1959 nagelten sich die Franzosen René Desmaison und Pierre Mazeaud genau dort hinauf. Auf Sitzbrettern hängend wie Fensterputzer an Wolkenkratzern, werkelten sie sich Meter um Meter hinauf; mit einer Materialschnur zum Boden zogen sie die Haken, die sie im Fels versenkten, eimerweise herauf – Klettern ohne Felsberührung. Am pursten und stursten aber setzte ein sächsisches Trio das Prinzip um, wenige Meter links an der Großen Zinne. In der *Sachsendirettissima* vom Januar 1963 schufteten sie sich bei Temperaturen von bis zu minus 30 Grad die Wand hinauf. Die Linie geriet so schnurgerade wie keine zweite in den Alpen. Man kritisierte, dass sie sich über eine Materialschnur Tag für Tag ihre Stullen und Vorräte heraufzogen, dass sie so viele Bohrhaken setzten, dass sie dies, dass sie jenes … Man tut ihnen und ihren Zeitgenossen Unrecht: Sie haben ihr Abenteuer gelebt. Natürlich war es irgendwann eine Sackgasse, sich ausschließlich mit Trittleitern und Bohrhaken hinaufzubewegen. Als die Zeit reif war, ließ man es bleiben und fertig.

Zurück zur Sachsendirettissima: Als die drei tapferen Germanen nach siebzehn (!) Tagen in der Wand siegreich vom Berg zurückkehrten, schmissen die Italiener ihnen zu Ehren ein kerniges Fest, so beeindruckt waren sie. Einer der Kletterer, Reiner Kauschke, verliebte sich in die junge Signorina Milva Cuberli. Sie haben geheiratet und leben noch heute glücklich in Toblach. Soll nochmal einer sagen, die Direttissima-Kletterer hätten irgendwas verkehrt gemacht.

Höhepunkt und Schluss der »Eisenzeit« bildete die sagenhafte *Kompressorroute* von 1970, die der 1929 in Trient geborene Cesare Maestri am sturmumtosten Cerro Torre in Patagonien hinterließ, sie machte ihn zum umstrittensten Bergsteiger aller Zeiten. Wie so oft bei den großen alpinen Dramen ist es vor allem ein menschliches Drama.

Vorhang auf: Die französischen Erstbesteiger des Nachbargipfels Fitz Roy, Lionel Terray und Guido Magnone hatten 1952 noch geurteilt: Der Cerro Torre, du lieber Himmel, der sei unmöglich, steil und glatt wie ein Flaschenhals, geheimnisvoll und schön wie die Sagrada Familia. Das Ganze mit einem Wetterrisiko wie in keiner anderen Gebirgsgruppe der Erde: Blitzschnell und ungebremst kommen die Stürme vom Ozean daher, weil die Fitz-Roy-Gruppe nur wenige Kilometer landeinwärts der Küste liegt und das unweit von Kap Hoorn. Keine andere Küste ist unter Seefahrern so berüchtigt für Kraft und Gewalt ihrer Orkane. Also versuchten die Bergsteiger den Torre, wozu sind sie Bergsteiger!? Nach seinem grandiosen Solo am Südwestpfeiler der Dru scheiterte Walter Bonatti, obwohl er diesmal einen Partner hatte. Auftritt Maestri, einer der stärksten Kletterer der Dolomiten: Mit dem Osttiroler Toni Egger steigt er ein, im Basislager bleibt ihr Kamerad Cesarino Fava zurück. Für ein paar Tage sind Maestri und Egger im Schlechtwetter nicht zu sehen, allein Maestri kehrt zurück, Egger ist tot. Aber sie waren oben, sagt Maestri: Eigentlich war der Fels ja zu glatt zum Hinaufklettern, aber das Schlechtwetter hat den Fels mit einer Eisschicht überzogen und Egger, der Teufelskerl, sei einfach mit Pickel und Steigeisen an dieser Eisauflage hinaufgeklettert! Im Abstieg wurde es wärmer, Eisauflage abgeplatzt, Lawine, Egger tot.

Aber erstens ist Eggers beschriebene Meisterleistung mit der damaligen Eisausrüstung kaum nachvollziehbar und zweitens erklärt sie allzu elegant, warum Wiederholer dort keine Haken, keine Seilreste finden würden: weil Egger ja eben an der Eisauflage rauf ist! Über die Jahre kamen Zweifel auf, aber auf diesen irrsinnigen Cerro Torre kam niemand, niemand mehr hinauf. Über zehn Jahre lang.

Cesarino Fava, der ja vielleicht doch etwas mehr wusste, er sagte nichts. Zweifel und Gerüchte quälten Maestri, vielleicht quälte ihn auch die Erinnerung an das, was wirklich passiert war, immerhin verlor er einen Freund dort oben. Dass seine Geschichte von 1959 gelogen war, gilt heute jedenfalls als erwiesen.

Elf Jahre später war in Maestris Hausbergen, den Dolomiten, die Zeit der Bohrhakendirettissimas zu Ende, junge Wilde wie der aufstrebende Reinhold Messner setzten mit dem Ideal des Freikletterns neue Maßstäbe im Fels. Maestri war das egal. Er rüstete hoch. 1970 zog er in den Krieg, bewaffnete sich für seinen Feldzug an den Cerro Torre mit einem – halten Sie sich fest! – benzingetriebenen Bohrkompressor. Seit 1959 waren alle anderen an »seinem« Berg gescheitert, jetzt pfählte er den Torre, dieses ästhetische Weltwunder von einem Berg, mit sage und schreibe 360 Bohrhaken – es war, als würde man einen Picasso direkt auf die Tapete tackern. Maestri schleifte den Kompressor die Wand hinauf bis eine Seillänge unter den Gipfel, dübelte seine letzten dreißig Haken in die Headwall, erreichte das Ende der Felswand, bestieg aber nicht den fragilen und gefährlichen Eispilz als höchsten Punkt. Daher kann man streiten, ob er wenigstens beim zweiten Mal der Erste war oder doch erst jene italienischen Landsleute, die 1974 von der anderen Seite des Berges kamen, über das patagonische Inlandeis. Im Abstieg wurde Maestri endgültig zum wahnsinnigen Käpt'n Ahab und der Torre zu seinem weißen Wal. Im aufziehenden Sturm schlug er beim Abseilen in der letzten, obersten Seillänge die Haken wieder ab, auf dass ja nie wieder irgendeiner auf »seinen« Berg hinaufkomme. Erst als die Seilpartner drohten, sie würden im lebensbedrohenden Orkan ohne ihn abseilen, wenn er da noch lange herumfuhrwerke, gab er auf. Ohne Internet und mit nur zwei, drei weltweit erhältlichen alpinen Publikationen war die Meinungsbildung der internationalen alpinen Szene langsam und zögerlich, aber in einem war man sich einig: Der unglückliche Maestri hatte das Zeitalter der Bohrhakendirettisimas beendet, indem er das Rad überdrehte.

Der arme Maestri wurde nicht glücklich, er verfluchte den Torre, zerfallen sollte er in 1000 Stücke! Cesarino Fava, damals im Basislager, ist in der Zwischenzeit gestorben. Maestri gab keine Interviews mehr, am 19. Januar 2021 starb auch er über neunzigjährig in Madonna di Campiglio.

5.

MAMMUTEXPEDITIONEN UND DIE ÄRA MESSNER

1970 DOUGAL HASTON, DON WHILLANS: ANNAPURNA-SÜDWAND
1980 REINHOLD MESSNER: MOUNT EVEREST, ALLEIN OHNE KÜNSTLICHEN
SAUERSTOFF

Wenn wir davon ausgehen, dass das Treiben in den Bergen immer und grundsätzlich den Zeitgeist im Tal widerspiegelt, wird das in keiner Epoche so deutlich wie in den wilden und großartigen 70er-Jahren. In den 60ern kritisierten die Jungen erst einzelne Aspekte im Establishment der Alten, dann wollten sie sie komplett auf die Hörner nehmen. Anfangs- und Bezugspunkt waren, das ist wichtig, die Vereinigten Staaten, nicht nur militärisch und wirtschaftlich eine Supermacht, sondern auch kulturell: Gerade, weil der Protest in Amerika anfing, war er hip, sexy, vorne. Erst fand man das Leben rund ums Einfamilienhaus in der Vorstadt nicht mehr erstrebenswert, dann kämpfte die Afro-Amerikanische Community für dieselben Rechte, und junge Weiße unterstützten sie dabei! Und dann gab es diese irre Idee, die heute gern verdrängt wird, die mit den Drogen, ohne die man die Weltverbesserungsfantasien der

Hippies und all der anderen nicht versteht: Drogen erweiterten das Bewusstsein, da war man sich sicher. Oh, würden die Alten doch endlich alle Drogen nehmen! LSD, Pilze, Hasch, egal. Dann würde alles endlich gerechter und lässiger. Weil sie dann endlich verstehen würden, wie sehr sie auf dem Holzweg waren. Kein Krieg in Vietnam und natürlich mehr Sex und weniger Arbeit. Wer hätte dagegen etwas sagen wollen?

Der zu Beginn hochintellektuelle Ansatz der Beatniks wurde zu einem toten Arm: Auf Acid ein Buch lesen, war einfach nicht drin. Und natürlich war das alles völliger Humbug, das LSD und überhaupt die Revolution, die würde nicht stattfinden. So breit konnte man gar nicht sein, um sich allzu lang an diese Hoffnung zu klammern. Hinter der Idee, einfach mal radikal das System der Älteren anzugreifen statt wie früher gemeinsam das Feld zu bestellen, damit man über den Winter kommt, steckte aber ein ähnlicher Ansatz wie einstmals hinter dem Bergsteigen auch: Okay, wir SIND jetzt wohlhabend, wir müssen den nächsten Winter sowieso nicht hungern, was also machen wir Schlaues aus der Situation?

War dieses Gedankengut auch bis ins Villnösstal in Südtirol durchgedrungen, wo der 1944 geborene Reinhold Messner unter Bergbauern aufwuchs? Er sollte den Alpinismus in einer Art und Weise prägen und überstrahlen, wie es in kaum einem anderen Feld von Sport oder Kunst einem Einzelnen je gelungen ist – hatten die wilden Zeiten ihn aufgestachelt? Über die Bergsteigerei kam Messner früh aus dem engen Tal hinaus, studierte in Padua und hat das Knacken im Gebälk der Macht sicherlich vernommen. Aber wahrscheinlich war es ihm wurscht, denn in allem, was er wagte, war er absolut selbstbezogen und außerdem im Grunde vollkommen größenwahnsinnig. Da er aber fast überall tatsächlich hinaufkam und alles, alles überlebte, war er nur in zweiter Linie wahnsinnig und in erster Linie sehr, sehr, sehr groß.

1969 stieg er solo durch die schwierigste und kühnste Wand der Westalpen, die Nordwand der Droites. In den 30er-Jahren hatte man von den letzten drei großen Problemen der Alpen gesprochen, den Nordwänden von Eiger, Matterhorn und Grandes Jorasses, die Droites gehörte nicht dazu: Warum sollte man etwas zum Problem erklären, was man für vollkommen unmöglich hielt? 1000 Meter hoch, 600 Meter steiles Eis, dann 400 noch steileres kombiniertes Gelände, Rückzug unmöglich. In der Nordwand der Droites finden die Augen nirgends Halt, immer gleitet der Blick – während man sich in der Wand befindet – ab wie ein Schneeball an einer Glasscheibe, immer sinkt er ganz nach unten, zum Gletscher. Ich kenne fast alle großen Wände der Alpen aus eigener Erfahrung, keine – auch nicht der Eiger – zehrt so sehr an der Psyche wie die Droites. Im selben Jahr kletterte Messner noch eine Erstbegehung durch die kühnste und mächtigste Wand der Dolomiten, die Südwand der Marmolada – allein in freier Kletterei.

Die zwei schwierigsten Wände der West- und der Ostalpen solo: Diesem Mann wurden die Alpen zu klein. Wenig überraschend lud ihn der Münchner Expeditions-Generalissimus Karl-Maria Herrligkoffer ein, als er 1970 das nächste Mal zum Angriff blies auf jenen Berg, an dem sein Halbbruder Willy Merkl 1934 gestorben war: den Nanga Parbat. Herrligkoffer war bereits, das muss man so sagen, »Kommandant« gewesen bei der Erstbesteigung 1953 (siehe Kapitel 4). Am Ende verlor auch Messner hier einen Bruder, das hat er seitdem mit Herrligkoffer gemein.

Seit der Erstbesteigung der Shishapangma als letztem Achttausender im Jahr 1964 hatte die Strahlkraft der Weißen

Riesen erst einmal nachgelassen. Ruhm und Abenteuer der Erstbesteigungen waren dahin, und man nahm diese Berge erst einmal ja nur als GIPFEL wahr. Andere Linien als die Normalwege lagen noch außerhalb des Vorstellbaren, die Musik spielte wieder zu Hause in den Alpen. Schließlich aber passierte im Himalaya dasselbe wie vorher in den Alpen auch: Man interessierte sich nun für all diese Wände, durch die noch niemand hinaufgestiegen war. Und am Nanga gab es eine ganz besondere Wand, die Rupalwand, über 4000 Meter hoch – die Eiger-Nordwand mit ihren 1700 Metern Höhendifferenz passt da mehr als zweimal hinein.

Am Ende stand eine Tragödie, die den Triumph verblassen ließ, den Messners Leistung eigentlich verdient gehabt hätte. Er hatte nicht nur die Rupalwand als Erster durchstiegen, sondern auch erstmals einen Achttausender überschritten. Das hatte er gegenüber anderen Expeditionsteilnehmern vorher als sein Ziel bezeichnet: über eine Seite, also die Rupalwand, hinauf, über eine andere hinunter. So kam es am Ende auch. Messner brach vom letzten Hochlager – gegen Herrligkoffers Anordnung, eh klar – allein zum Gipfel auf, sein Bruder Günther kam allein hinterher, noch weniger geplant, beide seilfrei.

Dann passierte laut Messner Folgendes: Gipfel erreicht, Günther höhenkrank und nicht imstande, das schwierige Gelände zurück in die versicherte Route abzusteigen, daher das Wagnis, ins unbekannte Gelände der deutlich einfacheren Diamirflanke zu wechseln. Was in dieser verzweifelten Lage durchaus seine Logik hätte: erst einmal Höhe verlieren, damit die Höhenkrankheit sich nicht verschlimmert. Dann aber: Lawine, Bruder verschollen. Nach tagelangem Martyrium schleppte sich Reinhold, zum Teil nur noch kriechend, ins Tal, bis einheimische Bauern ihn fanden.

Andere Expeditionsteilnehmer wie der Allgäuer Gerd Baur, ein glaubwürdiger und integrer Zeitgenosse, der als letzter mit den Brüdern Messner im Hochlager war, widersprechen ihm in wichtigen Details. Noch andere spekulieren, er habe seinen Bruder – ob bereits höhenkrank oder noch fit – vom Gipfel zurückgeschickt, damit er selbst seine großartige Überschreitung machen konnte, unterstellen ihm also, er habe Günther dem eigenen Ehrgeiz geopfert. Was genau passiert ist, weiß der größte Bergsteiger aller Zeiten allein, vernünftigerweise muss man sagen: Im Zweifel für den Angeklagten und fertig. Fakt ist aber auch: Ohne Reinholds Alleingang zum Gipfel wäre dem Bruder nie etwas geschehen, mit dieser Wahrheit war der Ältere nun allein.

Jahrzehnte später schmolzen Überreste von Günthers Leiche unter der Diamirflanke aus dem Eis, was Reinholds Version zwar nicht ganz so wasserdicht beweist, wie der behauptet, deutlich wahrscheinlicher ist sie damit aber in jedem Fall. Am Ende hat jedoch niemand so sehr unter Günthers Tod gelitten wie der große Reinhold selbst. Welch ein grauenhaftes, unentrinnbares Trauma: Er hatte erreicht, was er unbedingt hatte erreichen wollen – er war der beste Bergsteiger der Welt, aber um welchen Preis.

Im selben Vormonsun 1970 fuhren auch die Briten an eine der Riesenwände des Himalaya, die Südwand der Annapurna hatte 1000 Höhenmeter weniger als die Rupalflanke, war aber ein ganz anderes Kaliber an Steilheit und Schwierigkeit. Auf so eine Idee konnten nur die Briten kommen, nur sie besaßen diese Mischung aus Sportsgeist, Härte und postkolonialem Größenwahn.

Unter Leitung des früheren Armeeoffiziers Chris Bonington übersprangen sie hier zwei bis drei Gänge und schalteten sofort in den höchsten. Sie waren ein Allstar-Team, vor allem aber eine Mannschaft. Sie arbeiteten mit schwerem Gerät, mit Trägern, Hochlagern und Fixseilen, bezwangen Fels- und Eispassagen von im Himalaya nie gekannter Steilheit und Schwierigkeit. Am Ende standen mit Dougal Haston und Don Whillans zwei Männer auf dem Gipfel, deren Ruf die Legendenbildung um diese Expedition perfekt untermalte. Während der Schotte Haston schon mal bei Nacht einen BH an der Kirchturmspitze flattern ließ, posierte der trinkfeste und rauflustige Whillans bevorzugt mit Kippe im Mundwinkel; der Klempner aus Manchester war die Blaupause des englischen Arbeiterbergsteigers.

Die Südwand der Annapurna war erheblich schwieriger als die Rupalflanke am Nanga Parbat. Haston und Whillans stießen das Tor zu all den anderen großen Wänden, Graten, Pfeilern, Überschreitungen im Himalaya auf, im Grunde begann der wahre Alpinismus dort genau JETZT. Auch im tragischen Sinne war die Annapurna wegweisend: Im Abstieg kam Ian Clough ums Leben, eine Vorahnung auf den Blutzoll, mit dem der britische Alpinismus seine künftigen Erfolge im Himalaya würde bezahlen müssen.

Mit den besten Bergsteigern eines Landes an einen Achttausender, das war das Erfolgsrezept. Aber dass irgendein Chef im Basislager das Kommando führen sollte, das würde nicht mehr lange funktionieren. Riccardo Cassin, Hermann Buhl, Walter Bonatti – all diese Stars waren die Bosse ihrer Seilpartner gewesen, der Chef stieg voraus und traf die Entscheidungen, die anderen waren einfach Seilzweite. Doch das sollte sich ändern, man wollte keine Chefs mehr, wenn man in die Berge ging. Sondern frei sein und auf Augenhöhe entscheiden.

Reinhold Messner wollte erst recht nie einen Chef akzeptieren, da war er schon lieber selbst Chef. Aber wirklich Chef sein, ist auf Dauer auch ziemlich lästig. Messner war und ist ein extremer Egomane, ein Unterdrücker aber war er nie. Am Berg wollte er immer Partner auf Augenhöhe und keine Seilzweiten, die auf Kommandos warteten.

Am Walkerpfeiler im Montblancgebiet hatte er zufällig den Zillertaler Peter Habeler kennengelernt. 1974 stürmten die beiden in unfassbaren zehn Stunden durch die Heckmair-Führe am Eiger, weite Strecken gingen sie dabei gleichzeitig am »kurzen Seil«, was eine kompliziert zu erklärende Technik ist. Das kurze Seil spart außerordentlich viel Zeit, weil man, sobald das Gelände wieder schwierig wird, jederzeit zurück ins gesicherte Steigen umschalten kann. Aber wenn einer stürzt, reißt er in den meisten Fällen den anderen mit in den Tod.

Wegen der großen Zeitersparnis ist diese Technik in leichteren Passagen völlig normal: Wer die nötigen Sicherheitsreserven nicht mitbringt, hat in solchen Wänden nichts verloren. Erstens müssen Messner und Habeler am Eiger auch schwierige Passagen so geklettert sein, anders ist die Zeit nicht zu erklären, zweitens erfordert dies in einer solchen Wand ein ganz besonders Vertrauen in den anderen. Und auf dieses Vertrauen konnten sie also setzen.

Im folgenden Jahr fuhr Messner mit einer italienischen Expedition an die Südwand des Lhotse (8516 m), noch so eine Riesenwand. 1972 hatte er mit einer Tiroler Expedition den Manaslu bestiegen, jetzt wieder das volle Programm mit Trägern, Fixseilen, Hochlagern; der große Riccardo Cassin führte das Kommando über sage und schreibe vierzehn Bergsteiger. Diese Wand war schlicht noch zu schwierig – sie gelang erst

1990 – doch einerlei, Messner passte diese Organisationsform nicht.

Es rumorte in ihm, er begann zu grübeln. Würde Habeler bereit sein, mit ihm ZU ZWEIT einen Achttausender zu probieren, ohne Fixseile, Hochlager, Hochträger? Mit so wenig Gepäck, dass es auch nicht so teuer sein würde wie eine normale Expedition? Und nicht im folgenden Jahr, sondern sofort! Noch auf der Rückreise vom Lhotse traf er Vorbereitungen, offen blieb die Frage, ob Habeler mitmachen würde. Jemand anderes kam nicht infrage.

Habeler sagte zu, Messner kümmerte sich ums Permit, sie kauften zwei Flüge nach Pakistan, heuerten für ihre lächerlichen 200 Kilo Gepäck zwölf Träger an, marschierten ins Basislager und stiegen am 9. August in die Nordwestflanke des Hidden Peak (Gasherbrum I, 8080 m) ein. Auf diese Art hatte noch nie jemand einen Achttausender versucht, aber: wer, wenn nicht diese beiden? Sie erreichten den Gipfel als erst zweite (!) Partie in der Geschichte dieses Berges, ein Geniestreich und Husarenstück, das an den Feldzug Fidel Castros und seiner kleinen Schar gegen Diktator Battista auf Kuba anno '59 erinnerte und das Himalayabergsteigen für immer verändern sollte.

Natürlich trieben sie die sportliche Entwicklung dramatisch voran zu kleineren Teams, die im »Alpinstil« agierten, klar. Aber noch mehr: Sie waren Vorreiter für ein neues Miteinander am Berg. Sicher war die ganze Geschichte Messners visionärer Plan, aber der wusste eben, dass ein Team von zwei gleich Starken in Summe stärker war. Wir dürfen aber unterstellen, dass er den Partner auf Augenhöhe auch deswegen suchte, weil er das Chefprinzip altmodisch fand. Und GEMEINSAM mit Habeler dieses daraus resultierende andere,

Die berühmte Tragö-
die am Matterhorn:
Im Abstieg stürzten
vier der Erstbesteiger
in den Tod (Gemälde
von Gustave Doré,
1832-1883).

Paul Preuß bestieg 1911
die Guglia di Brenta –
free solo über die Ost-
wand. Im selben Jahr
kletterte er auf den nicht
minder steilen und nach
ihm benannten »Torre
Preuß« an den Drei
Zinnen (li.).

Anderl Heckmair, ein Münchner Arbeiterbergsteiger, führte die schwersten Passagen bei der ersten Durchsteigung der berüchtigten Eiger-Nordwand 1938. Von den Nazis, die mit der Besteigung Propaganda machten, distanzierte er sich auf seine eigene Weise.

© dpa

Den »Schicksalsberg der Deutschen« bezwang ein Österreicher.
Hermann Buhl hielt sich 1953 am Nanga Parbat wach mit Captagon
– damals legal, heute bekannt als Crystal Meth.

© dpa/Reinhold Messner

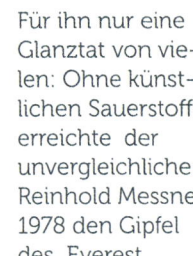

Für ihn nur eine Glanztat von vielen: Ohne künstlichen Sauerstoff erreichte der unvergleichliche Reinhold Messner 1978 den Gipfel des Everest.

Die Expeditionsleitung hätte lieber ein Foto von Edmund Hillary gehabt, aber Tenzing Norgay konnte die Kamera nicht bedienen und ist daher selbst auf dem Bild: 1953 bei der Erstbesteigung des Mt. Everest.

Im Sprung vom Einfingerloch
zum nächsten winzigen Griff:
Wolfgang Güllich in seinem
Meisterwerk *Action Dirècte*

© Gerhard Heidorn

Fantastischer Fels und südliche Sonne: Der El Capitan wurde zum neuen Walhall der Freikletterer. Lynn Hill gelang 1993 mit der ersten freien Begehung der Nose eine Sensation, Alexander Huber 1997 an der Salathé Wall der Durchbruch zum Profi.

German ace Alex Huber repeats Salathé Wall free · Backcountry Baja · The enigmatic Bob Murray

CLIMBING

Der große Ueli Steck in seinem Element: solo durch steiles schnee- und eisdurchsetztes Gelände am Col du Plan bei Chamonix und beim extremen Mixedklettern in *Jedi Master* (M11) in Cogne, Italien.

© IMAGO/JonathanxGriffith

Klarer Kopf trotz Medienhype: In der Dawn Wall wartete Tommy Caldwell, bis Seilpartner Kevin Jorgeson ebenfalls alle Kletterstellen frei gelangen.

Im Alleingang bei minus 30 Grad – der Lunag Ri (6907m) in Nepal, letzter großer Auftritt des unvergessenen David Lama

GEMEINSAME Erlebnis Berg gesucht hat. Der legendär egomane Messner als Protagonist für ein antiautoritäres Bergsteigen? Ja, genau, Genies sind eben widersprüchlich. Er war ja auch der Erste, der mit Büchern und Vortragsreisen die nächste Expedition aus der jeweils letzten finanzierte, sein eigener Manager und sein eigenes Produkt zugleich, ein beispielloser Entrepreneur seiner selbst.

Er beerdigte den alten Heldenduktus und schuf einen neuen, den des einsam Suchenden, der nicht fürs Vaterland zum Gipfel stieg, sondern zur Selbstverwirklichung, der den Beifall der tumben Masse scheinbar nicht brauchte, sondern nur die Anerkennung durch das eigene Spiegelbild.

Der größte Preis des Himalayabergsteigens lockte jedoch am Everest: die Südwestwand. Seit 1971 scheiterte hier jedes Jahr eine Expedition, 1975 kamen die Briten, wieder mit brachialem Einsatz – Träger, Hochträger, Fixseile, künstlicher Sauerstoff. Mit 2500 Metern war die Südwestwand für eine Achttausenderflanke gar nicht einmal ausnehmend hoch, aber steil, schwierig und eindeutig das Härteste, was je in großer Höhe versucht worden war. Die Schlüsselpassage, ein senkrechtes Felsband, begann dort, wo der Nanga Parbat im Himmel endet, nämlich auf etwa 8100 Meter, danach kamen noch einmal schlappe 700 Höhenmeter. Es war, zugegeben, eine Materialschlacht, aber die sportliche Leistung stand dem ebenbürtig gegenüber. Am Ende erreichten Doug Scott und Dougal Haston kurz vor Dunkelheit den höchsten Punkt und schossen im Abendlicht zwei wunderschöne Fotos. Statt einen nächtlichen Abstieg zu riskieren, schaufelten sie sich in aller Seelenruhe 100 Meter unterm Gipfel eine Schneehöhle und kehrten unbeschadet zurück. Die Queen gratulierte, alles war gut. Naja, nicht ganz: Der BBC-Kameramann Mick Burke, der den Gipfel allein versuchte, verschwand spurlos.

Für das Ehepaar Bonington begann der übliche Wettlauf mit der englischen Presse, die über diese Expeditionen ausgiebig berichtete. Über Funk und per Postläufer organisierte Chris Bonington ein Telegramm an seine Frau Wendy, damit die Angehörigen es nicht aus der Zeitung erfuhren, sondern wenigstens irgendwie, na ja, persönlich. Es war nicht das erste Mal, dass Wendy Bonington im Auftrag ihres Mannes irgendwo klingelte, es war auch nicht das letzte Mal. Die arme Wendy war der Todesengel des britischen Expeditionsbergsteigens: Stand sie vor der Tür, war wieder jemand gestorben.

Wollte man eine Everest-Südwestwand probieren, ging es nicht ohne diesen großen Aufwand, aber gab es nicht noch andere Ziele? Niedriger, aber ebenfalls sportlich reizvoll? Bonington selbst hatte schon 1974 mit einer kleinen Schar von Gefährten in Indien den Changabang erstbestiegen, nur 6864 Meter hoch, aber wunderschön und ziemlich schwierig. Wegen der geringen Gipfelhöhe fand diese Besteigung wenig Beachtung, das war einem Medienprofi wie Bonington von vornherein klar. Deswegen ist dies genau der entscheidende Punkt: Sie wollten nicht berühmt werden, sondern einfach zusammen Bergsteigen gehen. Und sich nicht mit dem Transport von Tonnen von Gepäck herumärgern, sie wollten nicht wochenlang Lasten schleppen, eine Lagerkette und Fixseilstrecken vorbereiten, sondern einfach: klettern im Hochgebirge. Der Handstreich von Messner und Habeler 1975 am Hidden Peak kombinierte all das mit der magischen Zahl 8000. Wer wollte noch auf den schwerfälligen Dampfern der Großexpeditionen anheuern, wenn man auch mit einem Katamaran in See stechen konnte? Im Zentrum des Bergsteigens, wir erinnern uns an Heckmair, steht nun einmal: das Erlebnis, das Abenteuer. Dass man dies viel besser in kleineren Teams bekam, lag auf der Hand.

Spätestens seit dem Hidden Peak erreichte die Rebellion der Jungen gegen die Alten die Basecamps unter den Bergen der Welt. Warum sich alten Expeditionshierarchien unterordnen, wenn sich das Abenteuer auch auf eigene Faust finden ließ? Einfach zu zweit? Peter Boardman, der 1975 am Everest ebenfalls über die Südwestwand den Gipfel erreichte, hatte auf diese Mammutexpeditionen ebenfalls keine Lust mehr. Und fuhr nun mit dem zwei Jahre älteren Joe Tasker 1976 an die Westwand des Changabang, sie hatten auf Bonigtons Fotos von diesem Berg diese Wand gesehen, die sie begeisterte: über 1500 Meter hoch und vor allem – aus Fels! Messners geniale Idee einer Zweierseilschaft an großen Bergen bestand vor allem darin, im ballastfreien Alpinstil im eher einfachen Gelände schnell auf den Gipfel zu kommen. Boardman und Tasker hatten das verstanden, aber Schnelligkeit war nicht ihr Ziel, sondern: schwer klettern! Als der große Chris Bonington von dem Plan erfuhr, sagte er: »Falls ihr DAS schafft, wird es das härteste, was je im Himalaya gemacht wurde.« Er hatte die erfolgreichen Großexpeditionen 1970 an die Südwand der Annapurna und jene an die Südwestwand des Everest geleitet – wenn jemand so etwas beurteilen konnte, dann Bonington.

Für den Changabang entwickelten Tasker und Boardman mit einem in der Wand zu verschiebenden Zwischenlager eine neue Taktik (»Kapselstil«), schliefen in Hängematten (weil die Wand so steil war) und erreichten den Gipfel nach unfassbaren fünfundzwanzig Tagen in der Senkrechten. Bonington hatte recht behalten: Es war die schwierigste Route im Himalaya. Fortan stand das Wort »Expedition« nicht mehr zwingend als Synonym für Eisflanken, Fixseile und Hochträger, sondern auch für Felsklettern, Eleganz und kleine Teams.

Tasker und Boardman, die vorher nie zusammen am Berg gewesen waren (!), blieben sich als Seilpartner treu. Nach weiteren erfolgreichen Expeditionen kam das Dreamteam 1982 am Everest-Nordostgrat ums Leben. Aus gegensätzlichen Milieus stammend, waren beide außerordentlich begabte Autoren. Der Tasker-Boardman-Buchpreis ist heute die begehrteste Auszeichnung für alpine Literatur.

1977 fuhren Bonington und Scott mit vier Kollegen an den Ogre in Pakistan, lächerliche 7285 Meter hoch. Weil er ihnen gefiel, weil er ein Abenteuer versprach. Die zwei erreichten den Gipfel und mussten dort biwakieren, was Scott bemerkenswerterweise als erheblich kälter empfand als sein Biwak unterm Gipfel des Everest zwei Jahre zuvor. Beim Abseilen brach sich Scott beide Unterschenkel, Bonington ein paar Rippen, Schlechtwetter – Drama, Baby! Auf allen vieren kriechend erreichte Scott das Basislager, wobei er streckenweise vorauskroch, um dem Kameraden eine Spur zu machen. Diese Odyssee ist neben dem Martyrium von Reinhold Messner im Abstieg vom Nanga Parbat eine der größten Überlebensleistungen in der Geschichte des Alpinismus. Danach wurde dieser Gipfel so oft erfolglos versucht, dass er bei vielen als schwierigster Berg der Welt gilt.

1978 versuchte der amerikanische Spitzenbergsteiger Jeff Lowe mit drei Landsleuten den Nordgrat des Latok I, gleich neben dem Ogre. Sie kamen zwar nicht hinauf, aber sehr, sehr weit und brachten den an Dengue-Fieber erkrankten Lowe heil wieder ins Tal. Die Schwierigkeiten, die sie bereits bewältigt hatten, waren spektakulär und ihrer Zeit voraus: An dieser

Route sind seither über 20 andere Expeditionen gescheitert, sie gelang erst 2018.

1978 war aber vor allem das größte Jahr des größten Bergsteigers aller Zeiten, Reinhold Messner. »Gröbaz« nannten ihn Spötter in Anlehnung an Hitlers Gröfaz-Kürzel für »Größter Feldherr aller Zeiten«. Die Krone, die ihm noch fehlte, war natürlich der Mount Everest. Aber sich in irgendeine Großexpedition einreihen, war für ihn überholt. Außerdem kam künstlicher Sauerstoff nicht infrage. Und wenn das Unmögliche und Undenkbare eben sein Hobby war, musste er den Everest halt ohne künstlichen Sauerstoff probieren. Für je unmöglicher es Höhenmediziner und andere Experten erklärten, desto logischer war für ihn, dass er es versuchen MUSSTE.

Damals war der Mount Everest noch eine viel zu ernste Angelegenheit, als dass man dort irgendwelche Faxen hätte machen können. Auch weil er so viel höher in die sauerstoffarme Todeszone aufragt als der 8611 Meter hohe K2, über 300 Meter höher als Kangchenjunga, Makalu und Lhotse, alle zwischen 8500 und 8600 Meter hoch. Die übrigen neun der vierzehn Achttausender sind niedriger als 8200 Meter, da ist der Everest mit seinen 8848 Metern gefühlt eher ein Neun- als ein normaler Achttausender. Auch am Everest ignorierte Messner den klassischen Weg an einen Achttausender, nämlich eingeladen zu werden. Er und Habeler kauften sich einfach in die österreichische Expedition von 1978 ein – auch das eine nie da gewesene Selbstermächtigung.

Die Expedition der Österreicher, mit dabei – als Fotograf – war auch der Deutsche Reinhard Karl, war eine exzellente Auswahl von Teamplayern, Hochlager um Hochlager bereiteten sie den Berg vor. Die psychische Belastung für Messner und Habeler jedoch kann man sich kaum größer vorstellen:

Alle Experten hatten ihnen einen Hirnschaden prophezeit. Wenn überhaupt lebendig, würden sie als Kretins zurückkehren, was für ein grausamer Preis! Irgendwann stiegen sie los, tagelang das Gespenst eines Hirnschadens im Nacken, auf den letzten Metern zum Gipfel sind sie gekrochen – und als sie zurückkehrten, waren sie genauso hell in der Birne wie zuvor: für Messner ein Triumph auf der ganzen Linie. Für ihn gab es keine Grenzen mehr, noch im selben Jahr (!) kehrte er im Nachmonsun an den Nanga Parbat zurück – allein. Wo er 1970 den Bruder verloren hatte; Spekulationen um dessen Tod flackern in bierseligen Bergsteigerrunden bis zum heutigen Tag auf. Die wildesten und bösesten Theorien behaupten, dass Messner allein zum Gipfel stieg, um die Leiche seines Bruders, der erfroren am Gipfelgrat lag, auf die »richtige« Seite zu schubsen. Tatsächlich war es die mutigste und radikalste Form, sich den Dämonen dieses ungeheuren Traumas zu stellen. Vielleicht war dies auch eine persönliche Bekundung von Respekt für Günther, indem er ihm die erste Alleinbesteigung eines Achttausenders quasi widmete. Doch genug davon. Lassen wir dem armen Günther Messner seinen Frieden und Reinhold die Anerkennung, die ihm gebührt.

1980 gelang ihm der finale Superlativ: als erster allein auf den Mount Everest, über eine neue Linie natürlich und ohne künstlichen Sauerstoff. Er kam von der tibetischen Seite, das war seit Einmarsch der Chinesen verboten gewesen, jetzt wollten die Chinesen auch ein paar Devisen mit diesen Bergverrückten einnehmen. Messner stieg allein hinauf, aber als er zum zweiten Mal den höchsten Punkt der Erde erreichte, saß er zum zweiten Mal im Nebel und sah von diesem grandiosen Panorama zum zweiten Mal: nichts.

Es gab natürlich auch andere, die im Himalaya die Grenzen des Machbaren verschoben. Da ist zum Beispiel Jerzy Kukuczka zu nennen, der als Zweiter alle Achttausender bestiegen hat, zum Teil im Winter! Die Polen waren die großen Protagonisten des Winteralpinismus an den höchsten Bergen der Welt, 1980 standen Krzysztof Wielicki und Leszek Cichy bei minus 40 Grad auf dem Everest, wobei sich bei Windgeschwindigkeiten von über 100 Kilometer pro Stunde die Frage stellt, ob sie wirklich stehen konnten.

Ferner zu nennen ist der Schotte »Dirty« Alex McIntyre, dessen Stern zu leuchten begann, als er 1976 an den Grandes Jorasses das Zentralcouloir zwischen Walker- und Crozpfeiler eröffnete, unter wirklich Extremen bis heute eine der begehrtesten kombinierten Routen der Alpen. Im Himalaya praktizierte er den radikalen Alpinstil zu zweit oder zu dritt, mal mit polnischen, mal mit Schweizer Partnern wie Wielicki oder René Ghilini. Mit der Südwand der Shishapangma im Alpinstil setzte er 1982 einen Meilenstein, hängte aber gleich die nächste Expedition dran und starb wenige Wochen später im Steinhagel an der Südwand der Annapurna.

In den 80er-Jahren gerieten auch große und größte Achttausenderwände in Reichweite für Besteigungen im Alpinstil, alles andere zählte nicht mehr. Die Achttausender haben unter den sportlich orientierten Bergsteigern aber inzwischen deutlich an Anziehungskraft verloren: mit dem Getümmel an den Normalwegen will man nichts zu tun haben, die Normalwege selbst sind meistens reizlose Schneestapfereien. Schwierige Routen an Achttausendern bleiben gefährlich, sobald etwas mit dem »Leicht-und-schnell-Stil« schiefgeht und die Verweildauer in der kritischen Höhe zunimmt, kann es schnell zu schweren Komplikationen wie Lungenödem- oder Hirnödem kommen, und dann ist auch der Abstieg in sichere Zonen plötzlich verdammt lang. Eine interessante Variante sind hier Winterbesteigungen über die Normalwege, die in den letzten Jahren immer häufiger versucht werden.

Gerade in den 80ern waren die Verluste an Menschenleben fürchterlich, die eingegangenen Risiken wie in der heroischen Phase der 30er-Jahre oft nicht mehr nachvollziehbar. Beispielhaft sind die vier Slowaken, denen 1988 die größte Wand am höchsten Berg der Erde gelang, die Südwestwand, ohne künstlichen Sauerstoff im Alpinstil. Theoretisch eine der größten Besteigungen aller Zeiten, faktisch in Vergessenheit geraten, weil keiner überlebte. Als von den Vieren drei schon nicht mehr weiterkonnten, kehrten sie nicht etwa um, sondern warteten irgendwo dort oben in der Todeszone, bis mit Jozef Just der einzig Aktionsfähige den Gipfel doch noch erreichte. Im Abstieg sind alle verschollen.

Zurück zu Reinhold Messner: Er hat die Großexpeditionen und vor allem den künstlichen Sauerstoff lächerlich gemacht und zugleich den heutigen Rummel an den Achttausendern erst ermöglicht, indem er diese Eisriesen mit einem faszinierenden, zeitgemäßen Narrativ verknüpfte, mit dem jeder etwas anfangen kann. Ausgerechnet ohne ihn gäbe es kaum die Heerscharen von unterqualifizierten und überausgerüsteten Möchtegernbergsteigern, die sich am Everest von einem Sherpa schieben, vom zweiten ziehen lassen, mit Sauerstoff aus Titanflaschen, so federleicht, dass Mallory und Irvine mit solchen Geräten den Gipfel spielend erreicht hätten.

Und wie Maria Callas durch ihre Ehe mit dem Milliardär Onassis von der größten Sängerin aller Zeiten zur berühmtesten Frau der Welt abstieg, erging es ihm: Aus dem größten und unfassbarsten Bergsteiger aller Zeiten wurde der berühmteste

Klettermaxe des Planeten. 1984 überschritt er mit Hans Kammerlander in einem Zug, also ohne ins Basislager zurückzukehren, den Gasherbrum II (8035 m) und den Hidden Peak, den er damit – warum auch nicht? – zum zweiten Mal bestieg. Das würde niemand im selben Jahrhundert wiederholen, tönte er und behielt recht. Er konnte es also noch, hatte nur leider keine wirklichen Ziele mehr.

Nun gut, dann machte er 1986 halt die vierzehn Achttausender komplett und musste sich am Ende beeilen, weil ihm der eisenharte Pole Jerzy Kukuczka auf den Fersen war. Und für diese eher statistische Fußnote kennt man Messner heute, das Leben ist einfach ungerecht. »Meine eigentliche Lebensleistung besteht darin, dass die Leute wissen, es gibt vierzehn Achttausender«, fasste er das in einem seltenen Anflug von Selbstironie zusammen. Tatsächlich ist seine Lebensleistung natürlich eine andere: Indem er bewies, dass der Mensch den höchsten Berg der Erde *by fair means* besteigen konnte, veränderte er unser Verhältnis zum Berg, zur Wildnis, zur Natur überhaupt. Für ihn gilt, was über nur sehr wenige große Köpfe gesagt werden kann: Er hat seine Zeit wahrscheinlich mehr beeinflusst als seine Zeit ihn selbst.

6.

FREIKLETTERREVOLUTION, TEIL 1: NEUE PERSPEKTIVEN

1975 KURT ALBERT: ROTPUNKTREGEL
1979 PATRICK BERHAULT, PHILIPPE MARTINEZ: DROITES-NORDWAND IM WINTER, LEICHTGEWICHTSSTIL

Die Freikletterrevolution der 70er- und 80er-Jahre veränderte den Alpinismus grundlegender als alle Strömungen zuvor. Inspiriert von einer Thermoskanne, schenkte der Franke Kurt Albert der Kletterwelt mit seiner Rotpunt-Regel den gemeinsamen Nenner für einen friedlichen Feldzug: *Fight Gravity!* hieß das neue Motto. Die Freikletterrevolution begann dort, wo Klettern immer zu Hause war: an den Rändern der Gesellschaft. Und drang im Lauf der Jahrzehnte – das ist das Bemerkenswerte – so weit in die Mitte der Gesellschaft vor, dass Kletter- und Boulderhallen heute dort florieren, von wo aus das senkrechte Volk seine kleinen Fluchten in die Natur immer erst antrat: in den Großstädten.

Einerseits vollzog sich der Umbruch natürlich im Windschatten all der Hippies, 68er und neuen Idole wie der Rockstars, die diese Zeit prägten, andererseits auf einem

Fundament, das der Alpinismus sich selbst gelegt hatte, der Idee von *fair means*. Die Protagonisten des 19. Jahrhunderts hatten das Prinzip des führerlosen Bergsteigens formuliert, schnell und logisch kam die Idee des freien Kletterns ohne Hilfsmittel dazu. Im Direttissima-Zeitalter war das Ideal des Freikletterns unter Bergen von Bohrhaken und Materialschnüren verschüttgegangen, vergessen hatte man es nicht. Im Elbsandstein blieb das Ideal unangetastet, ebenso in den Klettergärten Englands, aber auch in den Klettergärten der USA setzte sich diese Idee langsam durch.

In den 60er-Jahren begannen Beatniks und Hippies, der Natur anders zu begegnen. Die Produktion lief auf Hochtouren, es gab nicht genug von allem, es gab von allem zu viel. Die florierende Industrie, der materielle Wohlstand – den die Älteren als verdienten Lohn für all die Leiden und Opfer des Weltkriegs empfanden – war in den Augen der Jüngeren schädlich. Die von der Industrie verursachten Schäden für die Umwelt waren noch nicht wirklich im allgemeinen Bewusstsein angelangt, die schädlichen Auswirkungen auf den Menschen aber erkannt: Das naturentfernte Leben ließ – und lässt bis heute – die schöpferischen Kräfte des Menschen, seine Sinne und Seele verkümmern. Die Absage an diese Lebensform schien notwendiger Akt der Befreiung. Man beherrschte die Natur technisch sowieso schon viel weitgehender, als man es sich früher hätte vorstellen können – aber ihr grundsätzlich zu begegnen als einer zu bezwingenden und einzudämmenden Gewalt, das war geistig überholt.

Und die Auseinandersetzung mit der Natur war und ist Grundlage aller Spielformen des Alpinismus. Der Aspekt von *fair means* erfuhr im Zeitgeist der späten 60er eine deutliche Aufwertung. Die in den Dolomiten exzessiv verwendeten

Bohrhaken, mit deren Hilfe man sich ohne lästige Gedanken an natürliche Griffe und Tritte überall hinaufschlosserte, verdammte der junge Reinhold Messner 1968 in einem Artikel leidenschaftlich als *Mord am Unmöglichen* und beschwor – natürlich – das Ideal des Freikletterns. Er war der stärkste Kletterer der Dolomiten und setzte in seinen Neutouren – viele von ihnen sind heute beliebte Klassiker – keinen einzigen Bohrhaken.

Noch purer als der Verzicht auf Bohrhaken waren Klemmkeile, deren Entwicklung sich schrittweise vollzog und die es nun ganz einfach zu kaufen gab: Metallkeile mit daran befestigten Drahtkabeln oder Schnüren. Sie wurden nicht wie Normalhaken mit dem Hammer in den Fels getrieben, sondern in Risserweiterungen platziert, sodass sie bei einem Sturz auf Belastung nach unten hielten, sich vom Seilzweiten aber wieder nach oben herausnehmen ließen. Das konnte man besser mit einer Hand erledigen – mit der anderen hielt man sich ja fest – als das übliche Hakensetzen. Und es fühlte sich eleganter und sanfter an. Im kalifornischen Yosemite Valley entstand das Konzept von *Clean Climbing*: Wer nur mit Klemmkeilen sichert, hinterlässt keinerlei Material am Fels, sondern nur Fußspuren.

Rund um das freie Klettern gab es also einen Haufen Energie und neuen weltanschaulichen Input, was aber noch einmal fehlte, war wieder ein klares Konzept. In der alten Trutzburg Elbsandstein durfte man keine Klemmkeile verwenden, während sie an den Felsen der USA jetzt der neueste Schrei waren. Mancherorts durfte man sich zwischen anstrengenden Freikletterzügen an Haken und Klemmkeilen ausruhen, anderswo nicht. Klettern war ein Minderheitentrip schlecht vernetzter lokaler Communities, es gab zwei, drei international erhältliche englischsprachige alpine Magazine, die alle paar Monate erschienen: Woher hätte da ein überall gültiges Regelwerk kommen sollen, das man im Sport nun einmal benötigt? Es existierte auch kein Verband, der Regeln festlegte, wie dieses und jenes am Fels zu tun und zu lassen sei. Diese Freiheit war und ist immer noch das Besondere und das Wertvolle an allen Disziplinen von Outdoorsport. Nur existierte damals ein Vakuum, welches die Entwicklung aufhielt, weil es nicht einmal ein Einverständnis gab, was Freiklettern denn ganz genau sein sollte.

Die überfällige Regel sollte aber kommen, und sie kam mal wieder aus Deutschland. Der 1954 in Nürnberg geborene Kurt Albert hatte mit zarten siebzehn Jahren bereits den Walkerpfeiler geklettert und kannte alle schwierigen Wege seiner Fränkischen Schweiz in- und auswendig. Die Herausforderung, erzählte er, bestand darin, möglichst viele Wege nacheinander zu klettern – eine Herausforderung in Wegen selbst, die man vielleicht gar nicht schaffte, existierte nicht: Sobald es schwierig wurde, hängte man eine Leiter ein und fertig.

Gegen Ende seiner Schulzeit fuhr Kurt Albert ins Elbsandstein, im Rahmen der Entspannungspolitik unter Willy Brandt war das einfacher geworden, viele Kletterer aus dem Westen unternahmen mindestens einmal eine Pilgerfahrt an die mythischen Sandsteinfelsen, ein Hadsch mit Visum und Zwangsumtausch. Albert, der später Mathematik und Physik studierte, war begeistert von der Freikletterei, fand einen Punkt aber unlogisch: Die gewaltigen Ringhaken dort steckten zwar in so nervenaufreibend weiten Abständen, dass technisch klettern unmöglich, sehr weite Stürze aber jederzeit möglich waren, doch die Einheimischen machten dann an jedem Ring Stand, unterbrachen also damit das freie Klettern alle paar Meter.

Er dachte sich: Die gesamte Strecke in einem Zug frei klettern, ohne sich an Haken, Klemmkeilen oder auch nur im Seil hängend ausruhen zu dürfen, das wäre doch eine einleuchtende Regel. So fing er an den heimischen Frankenjurafelsen an, altbekannte Wege in diesem Stil zu klettern. »Ich hab' diese Touren dann mit ganz anderen Augen gesehen«, erzählte er immer wieder, »es waren ja praktisch wirklich andere Touren, weil es andere Bewegungen waren.« Er wollte die so gekletterten Touren mit irgendetwas kennzeichnen. Seine Kaffeekanne hatte einen neuartigen Schraubverschluss, »Rotpunkt« hieß die Modellreihe, das gefiel ihm. Also pinselte er jedes Mal, wenn ein neuer Streich gelungen war, einen roten Punkt an den Wandfuß. Eine kleine Weile sollte es allerdings dauern, bis »rotpunkt« sich wirklich durchsetzte. Wie hätte man denn in England, Frankreich, USA auch von irgendwelchen Farbklecksen an deutschen Mittelgebirgsfelsen erfahren sollen?

Am wenigsten brauchte man irgendwelches Zeug aus Europa im Yosemite Valley, die dortige Szene hielt ihr Valley für das Gelobte Land und sich selbst für die Coolsten, aber da war etwas dran. Nirgendwo wurde am Ende so viel Felsklettergeschichte geschrieben wie hier, keine Szene erlangte je einen so legendären Status wie die *local residents* auf dem Zeltplatz »Camp 4«. Sie waren die ersten, die Klettern so radikal lebten und sich nicht damit begnügten, das nur am Wochenende oder im Urlaub zu machen. Klettern war ihr Lebensinhalt, Ende. *Bergsteigen als romantische Lebensform* hieß ein Buch des Münchner Schöngeists Leo Maduschka aus den 20er-Jahren, von *fulltime* hatte nicht einmal er zu träumen gewagt. Im »Camp 4« der 70er-Jahre schien immer die Sonne, hier lagen die Prioritäten, wie der in Deutschland hymnisch verehrte Reinhard Karl später schrieb, wie folgt: 1. Klettern, 2. Klettern,

3. Klettern, 4. Drogen, 5. Frauen. Den Rest, also Zeugs wie dieses lästige – wie hieß es noch gleich? – Geldverdienen erledigten sie, wenn sie mal wirklich nichts Besseres zu tun hatten. Protagonisten wie Jim Bridwell, John Bachar oder Ron Kauk zählten zu den besten und einflussreichsten Kletterern der Welt, lebten im Zelt und aßen die Reste von den Tabletts in den *All-you-can-eat*-Restaurants.

In den 60er-Jahren hatte die erste goldene Generation der Valley-Helden um Royal Robbins und Warren Harding die größten und markantesten Wände geknackt: Half Dome und El Capitan. Das Yosemite bot deutlich andere Rahmenbedingungen als die Alpen oder etwa die Rockies: Das Wetter war immer gut und der Fels überall bombenfest, das machte einerseits alles einfacher. Andererseits war alles erheblich schwerer, weil es, nun ja, einfach so verdammt schwierig war: so steil, geschlossen, kompakt, glatt. Also war das Yosemite nicht eigentlich das tollste Klettergebiet der Welt?

Das grundlegende Selbstbewusstsein kam aber auch aus dem Vergleich mit den Alpen: Royal Robbins hatte 1962 mit seinem Landsmann Gary Hemming im Montblancgebiet die *Amerikanische Direkte* an der Westwand des Petit Dru vorgelegt. Der 500 Meter lange rassige Direkteinstieg zur klassischen Führe – keine 200 Meter links von Bonattis Südwestpfeiler, aber steinschlagsicher – galt als schwierigste und schönste Freikletterei weit und breit, hatte aber nur drei Tage gedauert. Für die Routen am Half Dome oder El Capitan benötigten Robbins und die Seinen oft mindestens eine Woche. Und wenn sich einmal Europäer an den El Capitan verirrten, dann schlackerten die mit den Ohren. Es war ganz einfach: Wer im Yosemite zu den Guten gehörte, war einer der Besten der Welt – »If you can make it there, you'll make it anywhere!«

1974 stürmten Reinhold Messner und Peter Habeler irgendwo in diesem langweiligen Europa in sagenhaften zehn
Stunden durch die Eiger-Nordwand. Zufällig waren Clint
Eastwood und Heidi Brühl gerade zu Dreharbeiten vor Ort.
Messner und Habeler posierten mit ihm in Kniebundhose
und Strickpullover, was eher mittelprächtig aussah. Aber genau dieses Foto erschien – mit den Lobeshymnen auf ihre in
der Tat fantastische Leistung – im *Mountain Magazine*.

Jim Bridwell zeigte – so will es die Legende – das Foto seinen Kollegen John Long und Bill Westbay und sprach: »Erstens klettern wir mindestens genauso schnell und zweitens,
Freunde, sehen wir besser aus!« Für die 1000 Meter hohe Nose
am El Capitan brauchte eine normale Seilschaft damals etwa
eine Woche, technisch klettern geht nun einmal langsam. Die
Nose war ein nationales Heiligtum und ist bis heute neben der
Eiger-Nordwand die bekannteste Kletterroute der Welt, aber
Jim »Commander« Bridwell hatte nun mal beschlossen, diesen albernen Europäern zu zeigen, wo der Hammer hängt. Da
hatte die *Nose* keine Chance, die drei machten das 1975 an nur
einem Tag. Danach entstand das – ich lege mich fest – coolste
und lässigste Kletterfoto aller Zeiten: Sie stellten sich mit Kippe und offenen Hemden auf die *El Cap Meadows* – im Hintergrund die *Nose*, im Vordergrund die Pose – und schickten ihr
herzlichstes *Take that, Motherfuckers!* nach Europa.

Bridwell, bedeutendster amerikanische Bergsteiger seiner
Zeit, setzte vor allem beim technischen Klettern am El Capitan neue Maßstäbe. Technisches Klettern hatte lange unter
einem Touch von Zweitklassigkeit gelitten, bis die Yosemite-
Kletterer die Sache durch verringerten Einsatz von Bohrhaken spannend machten. Für ihre Routen an den Granitfluch-
ten des El Capitan entwickelten sie Hilfsmittel, bei denen ein

Laie nie darauf käme, dass sie etwas mit Klettern zu tun haben könnten. Sie sehen eher aus, als stammten sie aus dem Ersatzteillager eines Automechanikers in der Dritten Welt: scheinbar unlogisch deformierte Metallteile, die man in immer feinere Risse schlägt oder hinter winzigen Schüppchen verhakt und die Namen tragen wie eine Begleitband von Jimi Hendrix: *Bird Beaks*, *Bat Hooks*, *Crack 'n' Ups*, *Cliffhanger* und die berühmten *RURPS – Really Ultimate Rock Pitons*. Während ein normaler Felshaken etwa fingertief in den Fels eindringt, war die Arbeitsfläche eines RURP noch ungefähr so groß wie ein Fingernagel. Wer in einer harten technischen Länge stürzte, konnte ganze »Reißverschlüsse« schlechter Haken herausziehen und sehr weit fallen – bis endlich irgendetwas hielt.

Bei so weiten Stürzen schlägt man gegen den Fels, holt sich ein Schleudertrauma, dreht sich über Kopf … Möglichkeiten gibt es genug, sobald man lange genug in der Luft ist. Es gibt Leute, die benutzen heute in solchen Seillängen Brustpanzer vom Mountainbike-Downhill. Bei jedem Placement ist zu überlegen, was da vielleicht als nächstes in den Riss geht, und dann muss man sich trauen, dass man sich auch wirklich hineinhängt. Wenn nämlich der Reißverschluss aufgeht, dann – siehe oben. Die nun über Stunden anhaltende Lebensgefahr bedeutete den beglückenden Durchbruch in völlig neue Dimensionen von Angst. Um die flatternden Nerven wieder zu beruhigen, verband man das Nützliche mit dem Angenehmen: Hasch, LSD, Speed, Pilze, es waren eben die 70er.

Bridwell, sein Gesichtsausdruck immer irgendwo zwischen Clint Eastwood und stoned, gelang 1979 die zweite Besteigung des Cerro Torre, 1981 in aufsehenerregendem Stil die Ostwand des Moose's Tooth in Alaska, über die er seine berühmte Story *Dance of the Woo-Li-Masters* schrieb, wobei die

Woo-Li-Masters zu einer wirren New-Age-Lehre zwischen Buddhismus und Quantenmechanik gehören. Bridwell gründete *Yosemite Search and Rescue*, quasi die Bergwacht des Valley und starb 2018 an den Folgen einer Hepatitis, die er sich zugezogen hatte, als er sich – warum auch nicht? – auf Borneo von Eingeborenen tätowieren ließ.

Bald nach Einführung des Rotpunkt-Gedankens kletterte Kurt Albert im Fränkischen mittlerweile im achten Grad, Jean-Claude Droyer ebenso in Südfrankreich, Bernd Arnold im Elbsandstein, Pete Livesey in England. Aber gingen die richtigen Männer nicht immer noch ins Gebirge, und ging es da nicht um irgendwas viel Tolleres und Wichtigeres als um so einen Schnickschnack, ob man da mal in den Haken greift oder nicht?

Dort oben im Gebirge schienen die Möglichkeiten auf seltsame Art limitiert, eingeschränkt. Einerseits durch alpine Faktoren: Wetter, der Fels in langen Touren meistens zumindest stellenweise brüchig, nass oder vereist. Andererseits wagte dort im hehren Gebirge noch niemand, die offizielle sechsstufige Schwierigkeitsskala anzutasten, sie schwebte über allem wie ein Drehzahlbegrenzer der Marke »Wir-machen-uns-selbst-das-Leben-schwer«. Die Rede ist von der alten Welzenbach-Skala von 1923, Ende der 60er umbenannt in »UIAA-Skala« (nach der Union Internationale des Associations d'Alpinisme, dem Dachverband der alpinen Vereine). Diese Skala definierte, dass in freier Kletterei der Grad VI+ das maximal Machbare darstellte, schwerer KONNTE der Mensch nicht klettern. Was für ein aberwitziger, weltfremder Gedanke, dass die menschlichen Fähigkeiten auf einem bestimmten Leistungsstand – und zwar dem der 20er-Jahre! – eingefroren seien! Als würden wir den bestehenden Rekord im, sagen wir,

Weitsprung als Maximum festlegen und damit verbieten, dass irgendjemand weiter springt. Diese Deckelung der Schwierigkeit existierte dabei nur im deutschsprachigen Raum, wo man sich an die alte Skala klammerte, als stünde sie den Zehn Geboten gleich auf den Steintafeln, die Moses noch persönlich im Handgepäck hatte. Im europäischen Ausland hatte man überall eigene Bewertungssysteme und pfiff auf diese Skala.

Dabei gab es längst auch im Gebirge Touren, die nicht mehr in dieses Schema passten: Reinhold Messner kletterte im siebten Grad, am Mittelpfeiler des Heiligkreuzkofels anno 1968 für ein paar kurze Meter sogar im achten. Und forderte in seinem Buch *Der siebte Grad* die Einführung desselben – irgendwann in der Zukunft. Seine eigenen Routen bewertete er trotzdem nur mit VI+, weil: Das war ja so definiert. Das war ebenso.

Wenn nicht einmal Messner imstande war, die absurde Blockade im Kopf zu überspringen, dann bekommt man eine Vorstellung, wie zementiert dieser alberne sechste Grad war. Als Helmut Kiene aus Nördlingen, Geburtsort von Stürmerlegende Gerd Müller, und der Heidelberger Reinhard Karl 1977 die *Pumprisse* im Wilden Kaiser kletterten und sie mit VII bewerteten, war das nicht die nächste irgendwie sauschwere alpine Tour, sondern der geplante Umsturz des alten Bewertungssystems. Kiene hatte die Risse entdeckt und Karl als Partner rekrutiert, sie kamen, sahen und siegten, natürlich im Rotpunkt-Stil. Mitverschwörer Elmar Landes, Schriftleiter der *DAV-Mitteilungen*, schmuggelte Kienes Bericht wohlwissend nach Redaktionsschluss in das Vereinsblatt des größten alpinen Vereins der Welt mit damals schon über einer halben Million Mitglieder. Sonst hätten die Vereinsoberen den Bericht gekippt.

Nun stand da, dass zwei Langhaarige – die noch nicht einmal richtige Bayern waren – die ehrwürdige Skala abgeschafft hätten. Es dürfte laut gescheppert haben zwischen Elmar Landes und dem Vorstand. Dann aber wurde die Route rasch von anderen wiederholt, die die Schwierigkeit bestätigten: Eilig schafften die blamierten Alpenvereine die alte Skala ab, aber das interessierte schon niemanden mehr. Es erinnert an den Fall der Berliner Mauer: Erst konnte sich niemand vorstellen, dass sich das jemals ändern würde, und als es soweit war, konnte niemand verstehen, warum es so lange Bestand gehabt hatte. Mit der alten Skala verschwand die alte Schreibweise in römischen Ziffern, der neue Grad VII war nun 7.

Helmut Kiene als Mastermind dieses Streichs hing den Alpinismus bald an den Nagel, Reinhard Karl wurde sowohl als Schriftsteller wie als Fotograf zur Ikone. Er war der erste, der offen von seinen Ängsten schrieb, von seinem Frust in der Lehre als Automechaniker, seinen Erlebnissen mit Frauen. Wer sein Buch *Erlebnis Berg – Zeit zum Atmen* las, der wollte nicht sein wie Reinhard Karl, sondern wusste tief im Innern: Er IST Reinhard Karl.

Nach den Pumprissen stand er, eine große Nummer in der kleinen Szene des Pfälzerwalds, im Herbst 1977 mit einem Siebzehnjährigen am Fuß des Nonnenfelsens: Wolfgang Güllich. Gemeinsam versuchten sie die erste freie Begehung des *Jubiläumsrisses*. Der junge Güllich schaffte es als Erster, Karl schlug ihm gratulierend auf die Schulter und den Jungen damit zum Ritter. Wolfgang Güllich wurde zu einem der größten Kletterer aller Zeiten.

Aber bevor sie etwas wurden, mussten sie alle mindestens einmal ins Yosemite: Kurt Albert, Reinhard Karl, Wolfang Güllich. Das »Camp 4« war der Thinktank, das Labor, der Campus für die Zukunft des Kletterns. Einerseits war in den Bigwalls am El Capitan das technische Klettern noch völlig angesagt – die Amerikaner entwickelten es zu einer wahren Kunstform –, andererseits öffnete das Selbstbewusstsein dieses Männersports erst den Blick fürs Freiklettern an den kleinen Felsen. Wer hier nicht frei kletternd weiterkam, der versuchte es so lange, bis es eben doch ging. Und hier kommt der Einfluss der Außenwelt ins Spiel: Hippies und Rockstars lebten seit Jahren eine neue Körperlichkeit vor. Zugeknöpfte Hemden und Krawatten waren out, freie Liebe in: »Wer zweimal mit derselben pennt, gehört schon zum Establishment!« Man trug lange Haare und bunte Hemden, offen bis zum Bauch, zu dieser wilden Musik gab es keine geordneten Tanzschritte mehr, sondern man wogte irgendwie nach Gefühl hin und her.

Dazu kam noch etwas: Die Ideen von Umsturz, Revolution und neuer Ordnung von '68 waren im Sand verlaufen. Dumm genug, aber mit dem großen Punk-Erdbeben von 1977 gab es doch noch einen Twist im Blick des Einzelnen auf die Welt: Sex Pistols, Ramones, Clash eroberten zumindest für eine kurze Zeit die Idee zurück, wonach die Musik der Jungen mehr ist als bloße Unterhaltung, dass es um etwas Wichtigeres geht im Leben als um Karriere und Kinder kriegen, nämlich um Aufrichtigkeit, Ehrlichkeit und dass es eigentlich etwas Nobles ist, sein eigenes Ding zu machen – und dass das JEDER kann. Wenn sich diese Jungs mit drei Akkorden auf die Bühne trauten, dann war eigentlich jeder aufgefordert, jedweden Kompromiss zu verachten.

Dann begab es sich, dass Ron Kauk – 1957 in Redwood, Kalifornien geboren – im Jahr des Herrn 1978 den Rissüberhang von *Separate Reality* entdeckte. Mit siebzehn war er ins »Camp 4« gezogen, nun war er immer noch da. Das wilde freie klettern mit freiem Oberkörper und langen Haaren galt auch im wilden freien Yosemite eigentlich nur bis zu einer Steilheit von etwa 90 Grad. Und nun das: ein Riss an der Unterseite eines waagrechten Überhangs, zufällig gerade so breit, dass man Hände und Füße drin verklemmen konnte. Mit dem klassischen Steigen kam man hier so weit wie mit Rollschuhen beim Eisschnelllauf.

Ron Kauk fand eine Lösung: Er stieg nicht, er TURNTE dort hinaus, in einer Akrobatik, wie die Welt sie noch nicht gesehen hatte. Zunächst verklemmte er Hände und Füße in dem Riss, ähnlich wie beim klassischen Rissklettern, nur: in der Horizontalen. Vor der Dachkante verengte sich der Riss so sehr, dass die Füße nicht mehr hineinpassten – Kauk löste beide Füße, hing nur an den Fingern, verhakte einen Fuß an der Dachkante und schwang sich hinauf.

Er erfand in diesem Moment Klettern neu, es wurde zu der Bewegungskunst, die es heute noch ist. Diese Bewegungen zu ersinnen und umzusetzen, war ein künstlerischer, schöpferischer Akt wie die Melodien eines Giuseppe Verdi, die Ballettfiguren eines Rudolf Nurejew. Diese Kletterzüge liegen ganz oben in den Regalböden mit den Lebenswerken der Unsterblichen. Mit dem Schwierigkeitsgrad 8+ war *Separate Reality*, läppische sechs Meter kurz, nicht annähernd die schwierigste Route ihrer Zeit, ist aber unangefochten die wichtigste Erstbegehung in der Geschichte des Felskletterns.

Im selben Jahr gelang Ron Kauk ein Boulder, der ebenfalls Geschichte schrieb: *Midnight Lightning*, genialerweise mitten im »Camp 4« gelegen. Wochenlang hatte er mit seinem Kumpel John Bachar diese vier Meter probiert. Natürlich war das Resultat sehr, sehr schwer, die Kletterposition an der Schlüsselstelle von ebenfalls revolutionärer Akrobatik, ganz entscheidend neu war aber die Idee, so viel Zeit und, ja, Liebe auf so ein unglaublich kurzes Stück Fels zu verwenden.

Am Ende war es jedoch *Separate Reality,* das auf dem Cover des *Mountain Magazine* ein Beben auslöste, dessen Wellen rund um den Globus liefen. Nun kam alles zusammen: die Idee von Rotpunkt (die Ron Kauk in *Separate Reality* instinktiv umsetzte, vermutlich hatte ihm das mit dem *redpoint* noch gar niemand erzählt) und als Sahnehäubchen der Triumph, dass die alte UIAA-Skala, von der alle zumindest gehört hatten, beerdigt war. Und vor allem dieses Foto, das sämtliche, wirklich sämtliche Vorstellungen des Möglichen hinwegfegte. Und weil Geschichte so oft ungerecht ist, war Ron Kauk auf dem berühmten Foto gar nicht selbst drauf, sondern Ray Jardine, aber auch er ein interessanter Kopf: Der Spitzenkletterer und studierte Raumfahrtingenieur erfand die komplizierte Mechanik der *Friends*, einer hochfunktionalen Weiterentwicklung der Klemmkeile, die heute zur Standardausrüstung zählt. Jardine sattelte um aufs Wasser, umsegelte allein die Erde und propagiert heute – warum auch nicht? – das Wandern mit Leichtgewichtsausrüstung.

To redpoint wurde in englischsprachigen Ländern zum Verb, *punto rosso* hieß es in Italien, *punto rojo* in Spanien, allein Frankreich ging einen Sonderweg, hier kombinierte man das neue Klettern mit der Farbe Gelb, also *jaune*. Aus aller Welt pilgerten Kletterer ins Valley, in der Hand das *Mountain Magazine* No. 56. Wer die Pilgerfahrt ins Valley nicht unternommen hatte, der war nicht getauft und eigentlich Heide.

Der wichtigste Zeitzeuge des Kletterns seit diesen aufregenden Tagen ist der Bergfotograf Heinz Zak, heute Anfang 60; er hat seit damals bis heute so gut wie alle wichtigen Akteure porträtiert. Als ihm jenes *Mountain Magazine* in die Hände fiel, war er ein neunzehnjähriger Tiroler Bua, aufgewachsen irgendwo auf dem Dorf, und wusste, erkannte, dass er jetzt sofort ins Yosemite musste, er hatte gar keine Wahl. »Was mich dann noch viel mehr beeindruckt hat als die Klettereien, das waren die Leute«, erinnert er sich. »Nicht überlegt, was morgen ist, sondern einfach gelebt. Kein Haus gehabt, sondern ein Zelt, und wer kein Auto hatte, der ist eben getrampt. Ich hab' damals *Separate Reality* gesucht, aber was ich gefunden hab', das war mein eigenes Leben.«

Er fuhr wieder hin und immer wieder, studierte zwar noch zu Ende und arbeitete kurz als Lehrer, dann schmiss er die sichere Beamtenstelle und fotografierte die besten Kletterer der Welt, die ja alle seine Freunde waren. In den nächsten Jahren schossen überall auf der Welt neue Klettermagazine wie Pilze aus dem Boden, wer Fotos der neuen Idole brauchte, wählte seine Nummer. Diese neue Szene hing zusammen mit einem neuen Phänomen, das in den 70ern so zum ersten Mal zu beobachten war, dem Bedürfnis, »... sich mit anderen Menschen zusammenzufinden, die nicht aus derselben Familie, demselben Dorf, demselben Land kommen wie man selber – die aber über alle Differenzen hinweg so sind, wie man selber ist oder gerne sein möchte«, so Jens Balzer in *Das entfesselte Jahrzehnt – Sound und Geist der 70er*.

In Deutschland hatte der 1960 geborene Wolfgang Güllich schon als Teenager in der heimischen Pfalz Routen im achten Grad eröffnet. Die Herangehensweise der Jungen war dermaßen ungewohnt, dass sich allmählich Widerstand regte. Die Jungen benutzten nicht nur Magnesiapulver, das die Finger trocken hielt, aber hinterher weiße Flecken am Fels hinterließ, sie seilten sich manchmal auch von oben in die Linie ab, um erst einmal die notwendigen Haken zu setzen. Bislang hatte man – stillschweigender Konsens – alle Touren von unten angefangen. Die Älteren hatten Angst, nicht nur, weil sie mit ihrem Stil nicht mehr die Avantgarde darstellten, sondern sie hatten Angst, dass hier etwas Unersetzliches verloren ging, der Geist des Abenteuers. Und natürlich befürchtete man wieder mal: den »UdA!«.

In vielen Klettergebieten wurden heimlich Haken aus neuen Sportkletterrouten gesägt, in Güllichs Kletterheimat eskalierte das ganze zum »Pfälzer Hakenkrieg« mit dem traurigen Höhe- bzw. Tiefpunkt an der *Superlative* am Bruchweiler Geierstein: Feinde des neuen Kletterns entfernten nicht nur die Haken, sondern kippten Altöl über die Griffe. Das ging nach hinten los, mit so einem Blödsinn wollte natürlich niemand mehr etwas zu tun haben, aber noch einmal: Die Hakenabsäger in den verschiedenen Gebieten waren nicht einfach reaktionäre, humorlose Kotzbrocken, sondern sie hatten Jahrzehnte in ihrer jeweiligen Felsheimat verbracht, sie liebten diese Felsen und hatten Angst, dass etwas verloren ging. Dass die Jungen hier stattdessen etwas Großartiges hinzufügten, ahnten sie noch nicht.

Nach der Bundeswehr zog Güllich in die Fränkische Schweiz, wo der löchrige Jurakalk mit seinen kleinen Löchern erheblich mehr schwierige Routen ermöglichte als der Sandstein der Pfalz – kein anderes klassisches Klettergebiet der Welt hat bis heute eine solche Dichte von ultraharten Routen wie die Fränkische. Mit Kurt Albert gründete Güllich die legendäre Wohngemeinschaft in der Moselstraße in Oberschöllenbach. Alles, wirklich alles, was in der internationalen Szene Rang und Namen hatte, war irgendwann in der Moselstraße zu Gast, bis zu 20 Personen auf einmal. Die besten Kletterer der Welt schliefen auf Campingmatten im Keller (manche stellten auch im Keller das Zelt auf, weil es so viele Spinnen gab), sicherten sich gegenseitig, feuerten sich an. Sie revolutionierten das Klettern und lebten dabei – wenn man heute zurückschaut – in der »guten alten Zeit«.

Langsam, aber sicher erreichte der frische Wind aus den Klettergärten die Alpen. Patrick Berhault aus der Nähe von Lyon war einer der stärksten Kletterer der sonnigen Kalkmassive in Südfrankreich. Im Unterschied zu seinen Gleichgesinnten zeigte sich sein Ehrgeiz aber auch dort, wo man nicht mit Sonnencreme und Muskelshirt unterwegs war: im Gebirge. Und das große Spiel dort für die richtigen Jungs hieß immer noch – Winterbergsteigen! Kurze Tage, also mehr Biwaks. Dafür brauchte man warme Kleidung und einen dicken Schlafsack, also einen ganz schweren Rucksack. Mit dem kletterte man noch langsamer, also noch mehr Biwaks, noch mehr Verpflegung. Das war offiziell charakterbildend, man verdiente sich seine Sporen als harter Kerl, aber Spaß machte die Plackerei mit den Riesenrucksäcken herzlich wenig.

Aber angenommen, nur einmal angenommen, Berhault stieg im Winter in die schwierigste Wand der Westalpen ein, die Nordwand der Droites im Montblancgebiet, aber nicht mit mehr, sondern weniger Gepäck als im Sommer. Man konnte ja diese Wand im Sommer an einem Tag klettern, müsste das dann nicht auch im Winter an einem Tag gehen? Es war ja eine Eiswand, da konnte man die Handschuhe anbehalten, kein großer Unterschied zum Sommer also. Und den unteren Teil – die Tage sind schließlich kürzer – konnte man sowieso im Dunkeln gehen. Theoretisch war das also möglich: die Droites im Winter an einem Tag!? Ein unerhörter Gedanke.

Am Ende stieg er mit Philippe Martinez im Dezember 1979 OHNE RUCKSACK in die 1000 Meter hohe Wand, sogar die

Eisschrauben ließen sie aus Gewichtsgründen zurück, kamen durch und tranken abends im Tal in Chamonix auf die gelungene Tour. Im selben Winter stürmten die beiden auch noch ohne Biwak durch den berüchtigten Frêneypfeiler – das klassische Winterbergsteigen mit riesigen Rucksäcken und endlosen Biwaks war Schnee von gestern, beerdigt, abgeschafft. Niemand, wirklich niemand brach noch mit den riesigen Rucksäcken auf, seitdem Berhault und Martinez bewiesen hatten, dass die einfache Gleichung von leicht = schnell genauso sicher funktionierte wie 1 + 1 = 2.

Es war im Endeffekt die gleiche Rechnung wie bei Messners und Habelers Handstreich am Hidden Peak 1975, dort war das Risiko für Leib und Leben auch höher gewesen. Aber bis jemand es wagte, dieses Prinzip genauso radikal im Herzen der Alpen anzuwenden, das hatte seine Zeit gedauert und war eine Folge des neuen, von Konventionen befreiten Denkens aus der Freikletterei.

Zuerst in den Klettergärten, dann im Himalaya und nun in den Alpen hatte man Normen, Gewohnheiten und Hierarchien überwunden, die Grenzen des Menschenmöglichen verschoben, wie immer zuerst im Kopf, dann mit Händen und Füßen. Die Tore zu fantastischen neuen Möglichkeiten standen offen, es folgte eine neue goldene Ära des Alpinismus.

7.

FREIKLETTERREVOLUTION, TEIL 2: NEUE DIMENSIONEN

1982 MICHEL PIOLA, PIERRE-ALAIN STEINER: GRAND CAPUCIN,
VOYAGE SELON GULLIVER
1989 KURT ALBERT, WOLFGANG GÜLLICH: NAMELESS TOWER OF TRANGO,
ETERNAL FLAME

Der Genfer Michel Piola trug Anfang der 80er-Jahre die Fackel des Freikletterns in die Höhle der Löwen: ins Montblanc-gebiet. 1979 eröffnete er mit Gérard Hopfgartner im rechten Teil der Eiger-Nordwand den *Genferpfeiler* alias *Les Portes du Chaos*, er zählte erst zarte zwanzig Lenze. Sie hatten den Pfeiler noch nicht einmal frei geklettert, aber weit rechts des Gipfels eine Route gewählt, wo die Wandhöhe nur die Hälfte der mystischen 1700 Meter der »Mordwand« erreicht, wo die Linie irgendwo auf den Schuttbändern der Westflanke endet. Wozu bis zu dem albernen Gipfel weitersteigen, um den ging es doch gar nicht, sondern ums Klettern selbst! Heute durchziehen jenen Wandteil Dutzende von Sportkletterrouten. Piola hatte diese bessere Hälfte des Eiger – nur Fels, keine Eisfelder – damals schlicht und ergreifend entdeckt.

Gleich danach visierte er das unendliche Potenzial an Fels in jenem Massiv an, wo man sich doch zugutehielt, den Alpinismus ja eigentlich erfunden zu haben, im Montblancgebiet. Wer damals dorthin fuhr, wollte Beute machen, Großwild jagen wie die 1000-Meter-Wände der Grandes Jorasses, Dru oder Droites. Wer felsklettern wollte, fuhr in diese irren neuen Sportklettergebiete in Südfrankreich, wie Buoux oder die Verdonschlucht.

1982 eröffnete Piola mit *Voyage selon Gulliver* in der Südostwand des Grand Capucin (3838 m) eine der schönsten Routen der gesamten Alpen: der satte achte Grad mit Panoramablick auf die Himalayadimensionen der Montblanc-Südseite mit Brenvaflanke und Peutereygrat. 450 Meter ist diese Delikatesse lang und in einem Granit, nach dem man sich die Finger schleckt. Die Risse im achten Grad müssen selbst abgesichert werden, Bohrhaken stecken nur dort, wo nichts anderes geht.

Es war kein Durchbruch in neue Dimensionen von Schwierigkeit, sondern in neue Sphären von Erlebnis: Freiklettern in DIESER Umgebung! In genau diesem Sinn erschloss *Maitre Piola* Dutzende von weiteren Routen, gut gesichert, aber immer mit Anspruch. Er holte all die sonnigen und nicht ganz so dramatisch hohen Felswände, die dort noch im Dutzend herumstanden, aus ihrem Dornröschenschlaf. Es war die zweite Entdeckung des Montblancgebiets, welches man sich ohne all die Piola-Touren gar nicht mehr vorstellen kann. Der *Maitre* war ein Kolumbus, der Handbohrmeißel sein Sextant. Seine Routen wurden *instant classics*.

Aber mit den Bohrhaken war es so eine Sache, in den Dolomiten blieben sie verpönt, sicher auch aufgrund des strengen Einflusses eines Reinhold Messner. Heinz Mariacher, 1955 in Wörgl geboren, war Ende der 70er-Jahre hier der führende

Kletterer. Er hatte die obligatorische Pilgerreise ins Yosemite erledigt, nun gut, aber warum da noch mal hinfahren? Oder in die neuen Hotspots wie Buoux oder Frankenjura. Es gab doch die Dolomiten! Er liebte das große Felsenparadies, und er liebte seine Freundin Luisa Iovane. Sie durchstiegen Wand um Wand, ein endloser Sommer wie in den alten Surfer-Filmen. Er war der König der Dolomiten und Luisa seine schöne Königin. Reihenweise gelangen erste freie Begehungen der alten Hakenrasseln, aber: In ERSTBEGEHUNGEN konsequent frei klettern, ohne sie bequem mit Bohrhaken abzusichern, das wäre natürlich das Allerschärfste. Mit puristisch abgesicherten Neutouren wie *Charlie Chaplin* (VI+) an der Lalidererspitze und *Abrakadabra* (VII) an der Marmolada tastete er sich vor, kam im *Weg durch den Fisch* – ebenfalls an der Marmolada – ohne Bohrhaken nicht durch und kehrte um. Warum seine Prinzipien aufgeben, nur weil man es anders nicht schafft? – Großer Sport allein schon das.

1981 gelang der *Fisch* dann zwei Tschechen, technisch zwar, aber ohne Bohrhaken. Dass Mariacher diese Linie entwischt war, dürfte ihn schon gewurmt haben – und angetrieben zur nächsten, zur ganz großen Tat an der Marmolada. In den gewaltigen Plattenpanzer neben der Messner-Führe von 1969 hatte sich noch niemand hineingewagt. In einer 800 Meter hohen Wand nicht in die offensichtlichen Risslinien einsteigen, die sich vorhersehbar mit Keilen oder Normalhaken absichern ließen, sondern ins unvorhersehbare Plattengelände, von Loch zu Loch, von Leiste zu Leiste? Wo man nicht wissen konnte, wann wieder eine Sicherung reinging?

1982 kamen er im ersten Anlauf bis Wandmitte, im zweiten stiegen sie über eine benachbarte Route ein und vollendeten ihren großen Weg durch die Südwand. *Moderne Zeiten* war ein Donnerschlag, ein Statement, bis heute gültiger Maßstab, dass die Schwierigkeit nie vom Stil zu trennen ist, ja, dass Stil schlussendlich immer wichtiger war, ist und bleiben wird als die Schwierigkeit allein. Messner als oberster Feldherr der Anti-Bohrhaken-Front hatte den Anfang gemacht, Mariacher setzte das Werk fort. Die Dolomiten und vor allem die Marmolada blieben eine Trutzburg des strengen Freikletterns. Am Ende zwar nicht mehr ganz ohne, aber bis heute mit sehr, sehr wenigen Bohrhaken. *Moderne Zeiten* als einzelnes Werk war natürlich die größere sportliche Leistung als die im selben Sommer eröffnete *Voyage selon Gulliver*, aber Piolas Routen hatten einfach eine ganz andere Breitenwirkung, wurden hundert- und tausendfach wiederholt: Freiklettern im Hochgebirge war mehrheitsfähig, aber immer noch anspruchsvoll.

Ansonsten erreichte die große Freikletterwelle ihre maximale Geschwindigkeit und Breitenwirkung im Grunde erst Mitte der 80er. Mit neuen Magazinen mehrten sich Werbeeinnahmen und Sponsorengelder, man trug hauteng-knallbunte Hosen aus Lycra, die Schuhe waren so knallbunt, dass Nichtkletterer sich welche für die Disco besorgten. Die umständlichen und ungenauen Beschreibungen von Klettertouren wurden von Topos abgelöst, leicht verständlichen Skizzen mit Symbolen für Riss, Überhang, Verschneidung etc., viele dieser neuen Kletterführer erschienen im Selbstverlag. Wer ins Ausland fuhr, brauchte am Fels schon mal keine Fremdsprachenkenntnisse mehr. 1985 fand im italienischen Bardonecchia der erste Kletterwettkampf statt. Natürlich gab das einen Aufschrei, aber der war verständlich: Klettern, Bergsteigen, Alpinismus, das hieß ja eigentlich immer, dass man irgendwohin ging, wo niemand einem zusah, um etwas zu tun, was niemanden interessierte. Das Echo in der größeren Öffentlichkeit blieb allerdings überschaubar, was das Risiko des »UdA!« minimierte. Vor allem stellte sich heraus, dass die Freundschaft der Spitzenkletterer absolut nicht litt, wenn sie im Wettkampf gegeneinander antraten. Das ist heute noch so, der gegenseitige Respekt und der herzliche Umgang der weltbesten Athleten miteinander sind in den Livestreams der Wettkämpfe jederzeit spürbar.

Die Motivation beim Nachwuchs war enorm, Trainingslehre war allerdings noch ein Buch mit sieben Siegeln, auch eine professionell-sportliche Lebensweise im klassischen Sinn (gesunde Ernährung, Verzicht auf Alkohol) wiesen viele mit Empörung weit von sich. Nur dass man an kleinen Griffen möglichst leicht sein sollte, das war völlig offensichtlich. Eine kurze Zeit lang gab es in der Folge so viele ernsthaft magersüchtige Kletterer, dass man für Wettkämpfe einen Body-Mass-Index einführte, aber der Spuk mit der Anorexie ging vorbei.

Eine besondere Bedeutung für die neue Popularität des Kletterns kam Patrick Edlinger zu, begabt, besessen, attraktiv. Der Kameramann Jean-Paul Janssen drehte zwei Filme mit ihm, die dem blonden, man kann es nicht anders nennen, Halbgott huldigten: Dieser Mann bewegte sich in der Vertikalen mit einer nie gesehenen Eleganz, erhöhte Klettern zur Kunstform – die Grande Nation lag ihm zu Füßen. Ich erinnere mich genau, wie ich in Chamonix im Schaufenster eines Sportgeschäfts einen Videorecorder mit *La vie a bout des doigts* entdeckte – *Das Leben an den Fingerspitzen*. In der Schlusssequenz klettert er free solo in Buoux, tanzt, schwebt da hinauf, wie man es noch nie zuvor gesehen hatte. Ich vergaß alles um mich herum, drückte die Nase an die Scheibe und dachte wirres Zeug: »Wer IST das? Ist das Gott? Diese Form von Klettern ist ein Beweis für die Existenz Gottes!«

Dazu sah Edlinger – Spitzname »Edelfinger« – unfassbar gut aus, er hätte vermutlich Robert Redford, George Clooney und Brad Pitt nacheinander die Frauen ausspannen können. Aber er war kein Schönling, er war auch ein Denker, vielleicht allein dadurch, dass er das Klettern so sehr liebte: »Wenn ich am Fels bin, ist es fast, als ob ich mit ihm spreche. Ich werbe um ihn. Ich respektiere jeden Griff, es gibt kein Gefühl, was dem nahekommt ... Man muss ein einfaches Leben führen, denn wenn du große Bedürfnisse hast, bist du immer unzufrieden.«

Die Franzosen bezogen ihr Selbst- und Sendungsbewusstsein aber auch daher, dass sie die tollsten Gebiete Europas hatten: Verdonschlucht, Buoux und das Montblancmassiv. Manchmal fuhr der sonnenverliebte Felsstreichler Edlinger auch dort hin, aber nur mit seinem Buddy Patrick Berhault, der ihn in die Geheimnisse des »leicht & schnell« einführte: Edlinger kletterte dann im Winter Routen wie das *Supercouloir* am Montblanc du Tacul oder das *Lagarde-Couloir* an der Nordostwand der Droites, aber der wahre Kapitän hier oben war der andere Patrick. Seine schnellen Begehungen provozierten einen Alpinschreiber zu der Aussage, dann könne er ja gleich die Südwand der Aiguille du Fou und die *Amerikanische Direkte* am Petit Dru am selben Tag machen. Die Crux an der provokanten Aufforderung war, dass die beiden Gipfel einen etwa zehnstündigen Marsch voneinander entfernt lagen. Den konnte man ja nicht auch noch am selben Tag erledigen, das war also ausgeschlossen.

Aber Berhault kannte diesen Jean-Marc Boivin, einen Extrembergsteiger und Drachenflieger, und fragte einfach mal: Ob er sich vorstellen könne, mit dem Drachen vom Gipfel der Aiguille du Fou zum Wandfuß der Drus zu fliegen, und äh, natürlich zu zweit? Wobei man wissen muss, dass die Aiguille

du Fou – Verrückte Nadel – so heißt, weil der Gipfel so irr-
sinnig steil nach allen Seiten abbricht. Sie deponierten einen
Drachen nicht direkt am Gipfel, sondern ein Stück unterhalb,
kletterten morgens durch die Südwand, flogen unter die Drus
und kletterten die 500 Meter der *Amerikanischen Direkten*.
Wegen ihrer exzellenten Seillängen gingen viele Kletterer hier
nur bis zum sogenannten *Klemmblock*, an dem die Direkte mit
der klassischen Führe zusammenkommt, und seilten wieder
ab, und genau das taten sie auch. Boivin nutzte die letzte Ther-
mik des Tages – sie befanden sich an der Westseite des Berges – und flog mit Berhault in die untergehende Sonne. Es war
übrigens die Zeit vor Prüfungen, Genehmigungen und offiziellen Landeplätzen, man starte und landete, wo man wollte, und manchmal schlug man eben auf. Boivin und Berhault
waren zum Feierabendbier zurück im Tal, welch ein Triumph!

»Enchaînements«, Aneinanderreihungen mehrerer Routen, wurden zum neuen Trend. Boivin hängte mit Drachen
und Gleitschirm die vier Eiswände des Argentière-Kessels aneinander, Aiguille Verte, les Droites, les Courtes und Aiguille
de Triolet, natürlich solo und an einem Tag. Christophe Profit kletterte solo vier verschiedene Routen an den Frêneypfei-
lern nacheinander weg und schien überhaupt keine Müdigkeit
zu kennen, durcheilte die Droites-Nordwand in unfassbaren
zweieinhalb Stunden – auch der große Ueli Steck war 20 Jahre
später nur 20 Minuten schneller.

Irgendwann kam jemand auf die Idee, Profit könne doch
Eiger, Matterhorn und Grandes Jorasses nonstop hintereinan-
der klettern – in 24 Stunden, fürs Fernsehen; denn wenn das
Fernsehen dabei ist, zahlen die bestimmt einen Hubschrauber.
1985 war es soweit, erst Eiger, dann Matterhorn, aber an den
Grandes Jorasses war er dann tatsächlich doch etwas müde

und ging statt des langwierigen Walkerpfeilers das leichtere Eisfeld des *Linceul*. Für den Einsatz des Hubschraubers wurde er heftig kritisiert, aber was die Leute vergaßen: Er war sowohl vom Eiger als auch vom Matterhorn die langen und berüchtigt mühseligen Normalanstiege ins Tal zu Fuß gegangen, viele andere hätten sich diese Mühsal sicher erspart.

1987 legte er noch eins drauf: dieselben Wände im Winter! Er startete mit dem *Croz-Pfeiler* an den Grandes Jorasses – oben warteten Filmteam und seine Frau. Er flog mit dem Gleitschirm ins Tal, mit dem Auto ging es zum Eiger, den er – um Zeit zu sparen – die Nacht hindurch kletterte (!). Wegen Wind konnte er nicht mit dem Gleitschirm vom Gipfel fliegen, also per Hubschrauber nach Zermatt, dann die Matterhorn-Nordwand und noch mal ein Lift vom Gipfel – unten wieder Filmteam, seine Frau und alles live. Mehr Medienpräsenz konnte Bergsteigen gar nicht haben, zumal die Hubschrauber ihn ja auch in den Wänden gefilmt hatten.

Im athletischen Sinn war es ein Highlight, stilistisch aber ein Schritt zurück: Bergsteigen *by fair means* war das natürlich nicht. Und folgerichtig war es langfristig interessanter, neue schwierigere Routen zu klettern als immer mehr Meter hintereinander. Aber mit den drei Nordwänden im Winter war sowieso der Zenit erreicht, wie hätte man das noch steigern sollen?

Die Franzosen folgten jedenfalls ihrer eigenen Ästhetik, eigenen Regeln und hatten definitiv die bestaussehenden Protagonisten: Edlinger, Berhault, Eric Escoffier, der mit Profit um das Projekt der »Drei Nordwände im Winter« konkurrierte und last but not least der sagenhafte Jean-Marc Boivin, der mit seinem Trademark-Stirnband immer ein wenig an *Sandokan – der Tiger von Malaysia* erinnerte, Held einer Actionserie aus den 70ern. Vor allem Boivin peppte das Bergsteigen mit benachbarten Disziplinen auf, fuhr steilste Eiswände mit Skiern ab, flog mit dem Drachen vom Gasherbrum II (8035 m) – der Träger, der ihm das Ding hinaufgeschleppt hatte, musste allerdings zu Fuß absteigen. Boivin flog auch mit dem Gleitschirm vom Everest und starb 1990 beim BASE-Jump über den höchsten Wasserfall der Erde, den Salto Ángel in Venezuela. Die Ära der französischen Alpinstars und ihrer TV-Stunts hatte ein tragisches Ende gefunden.

Zurück zur Sportkletterbewegung der 80er. Der Sport-Scheck, eines der größten Sportgeschäfte Münchens, landete 1981 mit dem 1. Internationalen Sportkletterfestival in Konstein im Frankenjura einen PR-Coup. Man lud Klettergrößen aus dem Ausland ein (ein Flugticket reichte damals als finanzieller Anreiz noch vollkommen aus) und ließ sie – kein Witz – erst einmal in einer Podiumsdiskussion über »Ethik« streiten. Was okay war und was nicht, das war ja noch nicht ausgekartet, aber die Vokabel »Ethik« war nun leider doch etwas hochtrabend für Fragen wie: »Darf ich über eine Linie erst einmal abseilen und sie anschauen, bevor ich hinaufklettere?« Dann zeigten Stars wie John Bachar oder Ron Fawcett aus England, was sie draufhatten, und fertig war der Eintrag in die Geschichtsbücher: erste Sportkletterveranstaltung auf deutschem Boden.

Und alle blieben, klare Sache, erst mal in Alberts und Güllichs Kletter-WG in der Moselstraße. Eine besondere Freundschaft verband Güllich mit dem Engländer Jerry Moffatt, eigentlich jahrelang sein Konkurrent um den inoffiziellen Titel des weltbesten Kletterers, aber das war ihnen egal. Wenn Moffat kam, bohrte Güllich für ihn Projekte ein und schenkte sie ihm zum Erstbegehen, zu den Einstiegen fuhr er ihn in seinem gesponserten Golf GTI. Beide hatten ihre kleinen Brüder verloren, was sie sicher emotional zusammenschweißte. Güllich trainierte systematisch auf möglichst schwere Erstbegehungen, mehrfach gelangen ihm die zum jeweiligen Zeitpunkt schwersten Routen der Welt: 1984 *Kanal im Rücken X*, 1985 *Punks in the Gym* X+, 1987 *Wallstreet XI–* oder *8c*, 1991 *Action Directe XI* oder *9a*. Die französischen, jeweils mit einer Ziffer und einem Buchstaben angegebenen Schwierigkeitsgrade sind für die High-End-Routen ab etwa dem zehnten Grad allgemein gebräuchlich, was eigentlich so logisch ist, wie wenn man beim Gewichtheben ab einer bestimmten Last von der metrischen Skala auf die angloamerikanischen Einheiten umsteigen würde. Sie haben sich einfach deswegen eingebürgert, weil südfranzösische Gebiete wie Buoux eine Zeit lang die schwersten Touren der Welt offerierten und man mit der französischen Skala auch das gekletterte Lebensgefühl aus Südfrankreich importierte: Sonne satt und perfekter löchriger Kalk, bis heute die Gesteinsart mit den meisten High-End-Routen.

Güllich war kein Virtuose und kletterte nicht sehr elegant, aber er entwickelte als Erster überhaupt spezifisches, planvolles Krafttraining und besaß enormen Willen. Er schraubte in definierten Abständen Leisten an eine überhängende Holzplatte, um systematisch Fingerkraft zu trainieren – die Erfindung des heute weltweit verbreiteten »Campusboard«. Und er war ein Visionär, der den tiefen Graben zwischen traditionellem und modernem Klettern nie akzeptierte, sondern das Gemeinsame betonte und immer bescheiden blieb.

Michael Lentrodt, derzeitiger Präsident des Deutschen Bergführerverbands, erzählt gern die Geschichte, wie er vor einem Hotel sein Gepäck auslud, als zufällig der in der Szene bereits weltbekannte Güllich vorbeilief, spontan half, das Zeug hineinzutragen und anschließend seines Weges ging. Güllichs Biograf Tilmann Hepp beschreibt, wie er seinen Helden besuchte, zum Essen einlud und warten musste, bis die Waschmaschine mit dessen Hose durchgelaufen war – er besaß halt nur eine.

In England stand die etablierte Szene dem neuartigen Zeugs da mit den Bohrhaken ebenfalls skeptisch gegenüber, zu einem Hakenkrieg kam es aber nicht. Vielleicht, weil sie alle zusammen in der Wirtschaftskrise unter Margaret Thatcher steckten, das schweißte natürlich zusammen. In jedem Fall erwies sich die Massenarbeitslosigkeit wie schon im Deutschland der 20er- und frühen 30er-Jahre als Turbo für den Bergsport. In der sehenswerten Dokumentation *Statement of Youth – The Birth of British Sportclimbing* erinnert sich ein halbes Dutzend Spitzenkletterer an die Thatcherjahre, ausnahmslos alle waren *on the dole,* arbeitslos. Wer sowieso lieber an den Fels als in die Arbeit ging, der musste sich nicht mehr rechtfertigen, und wer *dole money* bezog, wurde nicht mit Jobangeboten belästigt, es gab einfach nichts. Alle zwei Wochen musste man sich beim heimischen Arbeitsamt melden – *signing on –,* dann konnte man wieder los. Topkletterer wie Jerry Moffatt und Ben Moon schliefen im südfranzösischen Buoux unter Brücken, trampten alle zwei Wochen nach Hause – *signing on –* dann wieder von vorn. »Living the dream«, wie es Moon im Rückblick nennt.

Sie erkannten in Massiven wie dem von Buoux die Zukunft des Kletterns: maximal schwierige *moves* an perfekt sicheren Bohrhaken statt wie daheim etwas leichtere Züge an manchmal zweifelhaften Klemmkeilen mit langen *runouts* zwischen den Sicherungen. Aber in *Good old Britain* durfte man keine

Bohrhaken setzen, das war einfach so, das hatten ihnen die Alten so beigebracht. Es fand sich jedoch ein Kompromiss: Sie suchten ganz neue Massive auf wie Pen Trwyn in Wales, wo Ben Moon die zweite 8a auf britischem Boden eröffnete – mit sieben Bohrhaken, my goodness! *Statement of Youth* nannte er sein Werk und wurde kurz darauf beim Ladendiebstahl erwischt.

Zwei der besten Franzosen kamen zu Besuch, Antoine Le Menestrel und Jean-Baptiste »Jibé« Tribout, man kannte sich aus Buoux. Von Felsqualität und Routenauswahl waren sie nicht sehr beeindruckt, vom Wetter noch weniger und fanden die Briten dazu noch etwas umständlich: Wenn die stürzten, fingen sie die Tour wie ein Jojo wieder ganz von unten an, während man in Frankreich im Seil hängen blieb, wo man war und dieselbe Stelle einübte, bis sie irgendwann saß. Das ist heute schon im siebten und achten Grad so üblich, damals fand man es im englischen Sprachraum eine Weile noch sehr schlimm und nannte es *hangdogging*.

Auf seinem Trip nach Pen Trwyn zeigte jedenfalls Antoine Le Menestrel den Briten, wie effektiv die in Buoux längst übliche Methode des *hangdogging* war: Zuerst wiederholte er zügig Moffatts Toptour *Revelations 8a+*, DANACH übte er ein paar Tage die *moves* noch besser ein und hatte sie schließlich so gut im Griff, dass er die schwierigste Route des Königreichs free solo durchstieg! Ohne das ausdauernde exakte Einüben hätte er sich die Sicherheitsreserven nicht erarbeitet, logische Folgerung: wenn man ausdauernd und exakt einübt, aber keine Sicherheitsreserven braucht, weil man mit Seil klettert, dann geht es mit mehr Zeitaufwand ja NOCH viel schwerer. Überhaupt war Ben Moon offensichtlich *not amused*, dass der

Le Menestrel mit seinem Solo den stolzen Briten eine lange Nase gedreht hatte.

In Buoux hatten sie schon Touren im Grad 8b und 8b+, aber da ging sicher mehr, sie spürten es. Moon trainierte und trainierte, über ihn und andere Spitzenkletterer gab es Gerüchte, sie würden Anabolika und Steroide nehmen. An Muskelmasse legte er in jedem Fall nicht zu, er blieb spargeldürr. Spitzenleute wie er hatten jetzt bescheidene Sponsorenverträge und konnten Vollzeit klettern und trainieren. Moons geschäftstüchtiger Blutsbruder Moffatt kaufte, weil er einen perfekten Trainingsraum wollte, ein Haus: »Das Einzige, was mich bei der Besichtigung interessierte, war der Keller.«

Moffatt erwies sich als das eigentliche Genie der 80er-Jahre. Sein Freund Wolfgang Güllich legte zwar immer wieder die weltweit schwierigsten Touren vor und kletterte 1986 *Separate Reality* free solo, in atemberaubenden Fotos dokumentiert von Heinz Zak. Moffatt aber war der Meister des »On Sight«, der alleridealsten Form des Durchstiegs: im ersten Versuch ohne Sturz, ohne Ausruhen UND ohne Informationen und Tipps von anderen über die Route. Je schwieriger ein Weg ist, desto wichtiger sind Informationen, die »Beta« – die richtige Abfolge von Griffen und Tritten. Und wer ohne jedes Vorwissen eine Route so gut »lesen« kann, dem gebührt besonderer Respekt. »On Sight« ist bis heute die Domäne der Virtuosen.

Wenn Moffatt auf diese Art Routen im oberen neunten Grad niederriss, sei es im Frankenjura oder im obendrein selbst abzusichernden Fingerriss *Phoenix* im Yosemite, dann klappte der Fachwelt der Unterkiefer nach unten. Es erinnerte daran, wie Mozart seine Partituren angeblich im ersten Anlauf und ohne Korrekturen niederschrieb – ein Kletterer würde sagen, Mozart komponierte on sight. Gerüchteweise putschte sich Moffatt mit Speed und anderem Zeugs auf, beweisen lässt sich das natürlich nicht, ändern würde es an diesen Leistungen eigentlich auch nicht viel. Güllich etwa putschte sich mit solch enormen Mengen Kaffee auf, dass es heute unter Doping fiele – was vernünftigerweise eher gegen dieses Regelwerk spricht als gegen Güllich.

Ben Moon eröffnete 1989 in Buoux gleich die zwei härtesten Wege Frankreichs und warf in Form provokanter Routenamen den Franzosen den Fehdehandschuh hin. Die erste Route im Grad 8c+ nannte er *Agincourt*, das war der Ort der aus britischer Sicht tollsten Schlacht des Hundertjährigen Krieges: Da besiegten sie eine französische Übermacht. Die zweite nannte er *Maginot Line* nach der mutmaßlich uneinnehmbaren Bunker- und Befestigungslinie, auf die die Franzosen mächtig stolz gewesen waren (zehn Jahre hatten sie an ihr gebaut), bis die Deutschen sie 1941 in wenigen Tagen einnahmen.

Wolfgang Güllich suchte Ende der 80er-Jahre nach neuen Zielen, ihm war 1987 mit *Wallstreet* die erste 8c der Welt gelungen, das reichte ihm erstmal. Wettkämpfe interessierten ihn nicht, überall in den Alpen hatte das Freiklettern zwar Einzug gehalten, es gab Routen im neunten Grad an den Drei Zinnen, was sollte er damit anfangen? Das stellte alles keine Herausforderung dar. 1988 finanzierte der DAV experimentierfreudig eine »Leistungsexpedition« an die Trango-Türme im Karakorum, Güllich und Kurt Albert waren dabei, kletterten die *Jugoslawenroute* frei im oberen achten Grad und entdeckten am selben Berg eine fantastische neue Linie. Im nächsten Jahr kehrten sie zurück.

Wie Che Guevara 20 Jahre zuvor aufgebrochen war, die Revolution in die Welt hinauszutragen, traten diese beiden jetzt an, die Idee des Freikletterns in die wildesten Berge der Erde zu bringen. Ursprünglich zu viert, mussten ihre zwei Mitstreiter heim, bevor der Gipfel erreicht war. Güllich verletzte sich am Fuß, tauschte die Kletterschuhe gegen dicke Stiefel und sicherte unter starken Schmerzmitteln seinen kongenialen Partner Kurt Albert. Er, der an kleineren Felsen mit Güllich längst nicht mehr mithalten konnte, legte die größte Performance seines ungeheuren, seines so großen Kletterlebens hin. Eine ganz kurze Passage ging nur technisch, den Rest kletterte er frei – bis zum unteren neunten Grad. Die erste Freikletter-Neutour im Karakorum – Rotpunkt an den Bergen der Welt! *Eternal Flame* ist heute ein Klassiker und wird – so hoch ist das Niveau gestiegen! – regelmäßig wiederholt, 2009 gelang Alexander und Thomas Huber auch die kurze technische Passage frei.

Die »Ewige Flamme« – so der Name auf Deutsch – des Freikletterns, sie brennt seit damals auch in den Bergen der Welt. Als die Szene dachte, nach *Eternal Flame* und einer anderen Expeditions-Freikletterroute (*Riders on the storm* in Patagonien) könnte er in Sachen Höchstschwierigkeit nichts mehr hinzufügen, legte Güllich 1991 noch einen drauf. Mit *Action Directe* kletterte er den ersten glatten Elfer, vor allem deswegen ein Meilenstein, weil es in der für High-End-Routen wichtigeren französischen Skala die erste Route mit einer 9 war, nämlich die erste 9a.

Als einer der größten Kletterer aller Zeiten starb Wolfgang Güllich 1992 bei einem Autounfall. Er war schon dabei gewesen, als man in Deutschland noch mit Brustgurt und ohne Magnesia kletterte, hatte die Höchstschwierigkeiten immer und immer höher getrieben, stand mit seinem Free Solo der legendären *Separate Reality* immer auch fürs Abenteuer und hatte die Fackel der Freikletterevolution bis in den Karakorum getragen.

»Der wichtigste Muskel beim Klettern ist das Gehirn«, dieses Zitat von ihm wurde berühmt, am schönsten ist wohl dieses hier: »Nie habe ich das Leben in seiner Schönheit so intensiv erfahren wie an zwei Fingerspitzen frei über dem Abgrund hängend.«

8.

ZURÜCK ZUM ABENTEUER

1993 LYNN HILL: EL CAPITAN, *THE NOSE*
2001 ALEXANDER HUBER: WESTLICHE ZINNE, *BELLAVISTA*

Hatte man noch 1977 endlich den siebten Grad offiziell eingeführt, existierte seit Wolfgang Güllichs *Action Directe* 1991 schon der elfte! Den notierte man zwar in der französischen Skala, also nicht XI, sondern 9a – aber die Geschwindigkeit raubte den Atem. Zu Beginn der 90er-Jahre drehte sich denn auch alles um die neuen Höchstschwierigkeiten, alle berannten sie die *shortclimbs* in den Klettergärten, um sich zwischen sicheren Bohrhaken an winzigen Griffen die Finger lang zu ziehen. Bergsteigen und Alpinismus lagen auf der einen Seite eines Grabens, der die Szene tief spaltete. Wer hier stand, der galt als konservativ bis reaktionär, fühlte sich selbst aber als ganzer Kerl (es war nun einmal gefühlt 90 Prozent Männersache – genau das sollte sich ändern!). Wer auf der anderen Seite stand, bei den Sportkletterern, der galt den Alpinen als Warmduscher, fühlte sich selbst aber als Teil der Avantgarde.

Der heute weltbekannte Alexander Huber und der Amerikaner Dean Potter waren die wichtigsten Protagonisten jener Trendwende zurück zum Abenteuer, die nicht nur neue

Maßstäbe setzte, sondern auch diesen Graben schließen konnte. Der wichtigste Vorreiter dieser Wende war der Vorarlberger Beat Kammerlander. Er übertrug im Rätikon als einer der Ersten die athletischen Höchstschwierigkeiten in größere Wände. Hilfreich hierbei war, dass er ursprünglich vom Alpinen kam – Eiger-Nordwand im Winter, dazu Messners glorreichen Mittelpfeiler am Heiligkreuzkofel solo. Kammerlander war Anfang der 90er der Einflussreichste, der die immer umstrittenen Bohrhaken im alpinen Gelände in einem Stil einsetzte, an dem niemand etwas kritisieren konnte: einfach so wenige Haken wie irgend möglich. Die weiten Abstände zwischen den Haken führten zu sehr, sehr weiten Flügen, das erforderte sehr, sehr starke Nerven. In Kammerlanders meist überhängendem Gelände flog man komfortabel ins Freie und schlug nicht auf irgendwelche Bänder auf, aber trotzdem: Im achten, neunten, zehnten Grad immer weiter weg vom Bohrhaken klettern und am Ende zehn oder fünfzehn Meter abtauchen, das war etwas Neues: die Kombination aus moderner Kletterathletik und alpinem Abenteuer.

Diese Kombination praktizierten parallel auch andere, und 1994 waren auf einmal drei große Neutouren fertig: *Silbergeier* von Beat Kammerlander im Rätikon, *End of Silence* von Thomas Huber am Feuerhörndl in den Berchtesgadenern und *Des Kaisers neue Kleider* von Stefan Glowacz am Fleischbankpfeiler – gleich neben den historischen *Pumprissen*. Diese Trilogie war ein Paukenschlag, denn da diese Routen mit 8b+ zufälligerweise alle gleich schwer waren, verdeutlichten sie in besonderem Maß, wie hoch das Niveau jetzt war: Den oberen zehnten Grad im alpinen Gelände beherrschten nun gleich mehrere Kletterer.

Stefan Glowacz hatte mit Ende zwanzig eine erfolgreiche Karriere als Wettkampfkletterer hinter sich, er war Vizeweltmeister und gewann dreimal beim besonders prestigeträchtigen »Rockmaster« in Arco am Gardasee. Dann vollzog er eine besonders radikale Kehrtwende zum Abenteuer und begann Expeditionen zu entlegenen Zielen, wobei er sich mit seinen Mitstreitern meist vom letzten Punkt der Zivilisation aus eigener Kraft, also *by fair means* zum Berg aufmachte – zu Fuß, mit dem Kajak, mit Tourenski oder auch mit dem Segelboot in die Antarktis. Oft war der unermüdliche Kurt Albert mit von der Partie, der Allrounder Holger Heuber brachte entscheidendes Know-how mit, wenn es ums Paddeln ging. Ihre Expeditionen unter anderem nach Grönland, Baffin Island oder in den Dschungel von Guyana erreichten unter diesen Bedingungen klettertechnisch nicht die Höchstschwierigkeiten, die woanders geklettert wurden, aber erinnern wir uns an das schöne Heckmair-Zitat: »Das einzige, worauf es beim Bergsteigen ankommt, ist das Erlebnis.« Und als Erlebnis waren diese Trips sicher kaum zu überbieten – und dass es auf Glowacz' sämtlichen Expeditionen nie einen Unfall gab, zeigt seine Klasse auf andere Art und Weise.

Wenn es um Höchstschwierigkeiten ging, lag das Momentum nun jedenfalls in Europa. Zwar waren sie alle, alle mal ins Yosemite gepilgert – die Huberbuam hatten sich sogar ein Modell der berühmten *Separate Reality* mit einer paar Balken in der Scheune nachgebaut. Anfang der 90er aber hinkte die Entwicklung in den USA hinterher. Modernere Taktiken wie das Einrichten neuer Touren von oben aus dem Abseilsitz waren immer noch verpönt, aber auch wenn diese Methoden nicht mehr so mannhaft wirkten wie die alten: für die sportliche Weiterentwicklung waren sie unumgänglich. Die Bedeutung des Yosemite Valley für das Klettern in Nordamerika ist dabei so fundamental, wie wir das in Europa von keinem anderen Gebiet kennen. Der El Capitan musste auf die Jungen wirken wie ein alpiner Mount Rushmore, statt der riesigen Porträts der US-Präsidenten schauten hier gefühlt Heroen wie Warren Harding, Royal Robbins und Jim Bridwell aus der Wand herab zu den Anwärtern.

Es war alles so ehrfurchtgebietend, dass es die Amerikaner schlicht blockierte. Aber wenn doch Freiklettern das neue heiße Ding war, warum versuchte das niemand an dieser fantastischen Wand? Fester Fels, immer schönes Wetter und der Einstieg zehn Minuten neben der Straße? 1988 hatten sich Todd Skinner und Paul Piana tatsächlich an eine freie Begehung der *Salathé Wall* am El Capitan gewagt – und Erfolg gehabt! Dann folgten wieder Jahre voll ehrfürchtiger Stille, bis eine Frau auf den Plan trat: Lynn Hill, geboren 1961 im industriellen Detroit, sozialisiert jedoch – wie es sich gehörte – im »Camp 4«. Ihr gelang als erster Frau der legendäre Boulder *Midnight Lightning* sowie eine 8b+ on sight, lange dominierte sie auch das Wettkampfklettern. 1993 kletterte sie als Erste frei durch die *Nose* am El Capitan, nichts weniger als die berühmteste Route des Kontinents und neben der Eiger-Nordwand die bekannteste Klettertour der Welt. Nicht als erste Damenbegehung, sondern als erster Mensch überhaupt, welch ein Donnerschlag! Zumal sie ein Jahr später zurückkehrte, um die Route noch einmal in einem Zug und in weniger als vierundzwanzig Stunden zu wiederholen. »It goes, Boys!«, betitelte sie spitz ihre Story: »Geht doch, Jungs!«

Der Tiroler Heinz Zak hatte wie üblich die Fotos geschossen, vor allem die Amerikaner selbst waren so beeindruckt, dass sich schon wieder jahrelang niemand frei an den El

Capitan wagte: »Lynn hinterließ ein Meisterwerk, und der Rest schaute einfach nur zu«, fasste es Alexander Huber kopfschüttelnd zusammen.

Die *Nose* frei ist der bis heute größte einzelne Erfolg im Frauenalpinismus, nichts und niemand kommt da heran, obwohl gerade Anfang der 90er-Jahre Frauen auf ein neues Niveau kletterten. Besonders berührend ist die Geschichte der Schottin Alison Hargreaves, die solo durch die »Sechs Nordwände« stieg, das waren die üblichen drei – Eiger, Matterhorn, Grandes Jorasses – plus Piz Badile, Dru und Westliche Zinne. Einerseits war das PR-technisch ein wenig zusammengeschustert – so ging sie am Eiger die leichtere *Lauperroute* in der Nordost- statt die »richtige« Nordwand, an der Dru den sonnigen Bonattipfeiler statt die Nordwand –, doch dahinter verbarg sich ein Drama, vor dessen Hintergrund all das zur Lappalie wurde: Sie war pleite, sie war Mutter und hatte Angst, das Sorgerecht für ihre Kinder zu verlieren, weil sie einige extreme Touren absolviert hatte, als sie mit dem zweiten schwanger war. Nicht wenige hielten sie deswegen für fahrlässig. Aus Angst vor der Sorgerechtsfrage schob sie die Scheidung vor sich her, flüchtete mit den Kindern vor dem Gerichtsvollzieher – ihr Mann war mit dem gemeinsamen Geschäft pleite gegangen.

Trotz dieser Umstände gelangen ihr auch einwandfrei großartige Besteigungen wie der Crozpfeiler an den Grandes Jorasses solo im Winter. Stets die Konkurrenz der Französin Catherine Destivelle fürchtend, kletterte sie trotzdem langsam aber sicher ins Herz der britischen Öffentlichkeit. Permanent in atemloser Panik – niemand durfte wissen, dass sie phasenweise offiziell obdachlos war und mit den Kindern im Wohnmobil lebte – schien sie die wachsenden Sympathien der

Öffentlichkeit kaum zu bemerken und machte weiter, immer weiter. Für sie waren die Risiken des professionellen Bergsteigens keine Selbstverwirklichung mehr, sondern der einzige Weg, um emotional zu überleben. 1995 erreichte sie allein den Gipfel des K2 und starb im Abstieg im Schlechtwetter. Der Orkan, in dem fünf weitere Bergsteiger ums Leben kamen, war so extrem stark, dass er die zweifache Mutter vermutlich einfach vom Berg geweht hat.

Aber die wirkliche Tragik dieser Geschichte kommt erst noch: Hargreaves' Sohn Tom folgte ihren Spuren, machte ebenfalls die sechs Nordwände solo (die richtigen), finanzierte seine Bergsteigerei mit, nun ja, zurechtgebogenen PR-Aktionen und folgte seiner Mutter auch im Tod, er starb 2019 am Nanga Parbat.

Zum großen *role model* im weiblichen Alpinismus avancierte am Ende Catherine Destivelle, 1960 als Kind französischer Eltern in Algerien geboren. Sie machte sich zunächst einen Namen im Sport- und Wettkampfklettern, lieferte sich hier große Duelle mit Lynn Hill. Nach ihrer Kehrtwende zum großen Bergsteigen begann sie eine streng geheime, kurzlebige Affäre mit dem amerikanischen Spitzenalpinisten Jeff Lowe. Sie kletterte solo eine neue Route an der Dru, ein Stück links vom Bonattipfeiler, solo im Winter durch Eiger-Nordwand, die Grandes-Jorasses-Nordwand und dann als erste Wiederholung der mystischen Linie Walter Bonattis die Matterhorn-Nordwand, ebenfalls allein im Winter. Dazu sah sie auf Fotos immer so cool aus wie die New-Wave-Ikone Chrissie Hynde von den *Pretenders*. Nach dem Matterhorn tat sie, was große Bergsteiger tun: Sie scheiterte an schwereren Zielen, nicht weil sie zu schlecht gewesen wäre, sondern weil sie Neues probierte: schwierige Achttausenderprojekte im Alpinstil. Sie kam nicht ums Leben, denn sie kehrte rechtzeitig um. Mit Ende dreißig wurde sie Mutter und stellte die Familie an Platz eins, gab das Bergsteigen aber nicht auf. *La Destivelle* gilt als größte Alpinistin aller Zeiten, 2020 erhielt sie den *Lifetime Award* des *Piolet d'Or*.

Zurück in die 90er: Die Freikletterrevolution hatte das Alpinbergsteigen und die Expeditionen durchgeschüttelt, nur eine einzige letzte Disziplin hinkte ein wenig hinterher: die Eiskletterei. Die Idee, an gefrorenen Wasserfällen für große Eiswände zu trainieren, war ja sehr alt und hatte längst eine ähnliche Entwicklung wie das Klettern in den Felsklettergärten genommen, sie war zum herausfordernden Selbstzweck geworden. Zum Sichern konnte man natürlich keine Bohrhaken klinken, sondern musste jedes Mal eine Hohlschraube ins Eis drehen. Wobei der Rotpunkt-Gedanke langsam auch bis dorthin vordrang: Wer etwas auf sich hielt, der hängte sich nicht mehr ins Eisbeil, um eine Eisschraube zu setzen, sondern klammerte sich mit erlahmendem Unterarm ans Eisbeil, bis er mit der anderen Hand die Schraube endlich im Eis hatte. Zu dem Zweck gab es nun Eisschrauben aus federleichtem Titan mit messerscharfer Zahnung. Die konnte man tatsächlich mit einer Hand eindrehen.

Und klar, die Eisbeile und -pickel sahen längst anders aus als früher, die Krümmung der Haue verlief entgegengesetzt, »Bananenhaue« hieß das. Und die Mutigsten kletterten an freistehenden Eissäulen, also nicht am Eis, das stabil an der Wand anlag, später kamen frei HÄNGENDE Eiszapfen hinzu. Sobald die nämlich groß und schwer genug sind, halten sie auch das zusätzliche Gewicht eines Kletterers, vorausgesetzt, er platziert die Eisgeräte immer hübsch vorsichtig und nicht wie einen Holzhacker.

Trotzdem blieb erstaunlich viel Platz für den Big Bang, den Jeff Lowe 1994 in Colorado mit seiner Route *Octopussy* zündete. Lowe, neben Jim Bridwell größter und einflussreichster Alpinist der USA, zählte bereits 44 Jahre, hatte seine epische Solo-im-Winter-neun-Tage-mit-dem-Kopf-durch-die-Eiger-Nordwand-Neutour *Metanoia* frisch überstanden, ebenso wie eine Scheidung und die anschließende Affäre mit und Trennung von Catherine Destivelle. In Colorado entdeckte er eine Reihe von Eissäulen und -zapfen, die durch so überhängendes Gelände führten, dass dazwischen lange Passagen mit trockenem Fels quasi »übrig blieben«. Kein richtiger Eisfall, also: entweder bleiben lassen oder die Felspassagen in technischer Kletterei überwinden. Lowe ersann eine dritte Option: Er turnte mit Eisbeilen und Steigeisen irgendwie durch den Fels, und das natürlich rotpunkt. Eisklettern, aber die entscheidenden Passagen waren die OHNE Eis?! Ein absurder, abstrakter, aberwitziger Gedanke, einmalig ganz sicher, vielleicht auch nur einmalig bekloppt? Ihm war es egal, er probierte es aus, es wurde artistisch und verdammt schwer, Bewertung: M8 (M wie Mixed), schwerste Route ihrer Art weltweit, eh klar.

Von außen sah das unlogisch aus, aber erstens ist Klettern ohnehin unlogisch, man kann ja auch einfach unten bleiben. Und zweitens war es IN SICH absolut logisch: Wenn man jetzt schon die Eissäulen rotpunkt kletterte, dann bitte auch die Strecken dazwischen – egal wie. *Octopussy* war die Geburtsstunde des modernen Mixed-Kletterns mit artistischen »Drytooling«-Passagen und aller Virtuosität, die die Elite als Fertigkeit in die großen Wände mitnehmen würde. Er erfand das Mixed-Klettern in diesem Moment neu, genau wie Ron Kauk das Felsklettern in *Separate Reality* 16 Jahre zuvor.

Auch der im deutschen Sprachraum wenig bekannte Patrick Berhault nahm enormen Einfluss aufs Geschehen, bemerkenswerterweise ohne entscheidende Neutouren. Er hatte das Prinzip »leicht & schnell« 1980 an der winterlichen Droites-Nordwand in den Alpen eingeführt und damit das klassische Winterbergsteigen mit den großen Rucksäcken beerdigt, er hatte die »Enchaînements« erfunden, die bis zum Einsatz von Helikoptern geführt und in der Sackgasse geendet hatten. Berhault arbeitete als Ausbilder an der ENSA in Chamonix, der École Nationale de Ski et d'Alpinisme. Dort werden unter anderem die französischen Bergführer geschult, es ist DIE alpine Elite-Ausbildungsstätte überhaupt, zu vergleichen mit der Militärakademie von West Point. Und im Kontakt mit den hochmotivierten jungen Hotshots kam Berhault auf die Idee, mal wieder etwas aneinanderzureihen – aber *by fair means*. So machte er die drei Nordwände im Winter, fuhr aber diesmal von einem Berg zum nächsten mit dem Fahrrad – ein Hauch von Bergvagabundentum wehte wieder durch den Spitzenalpinismus.

Dann reihte er praktisch die ganzen Alpen aneinander, von den Julischen Alpen in Slowenien bis zum westlichen Ende des Alpenbogens am französischen Mittelmeer: Von August 2000 bis Februar 2001 sammelte er 22 große Wände ein und benutzte nicht einmal ein Fahrrad, sondern ging alles zu Fuß. Er hatte das ultraschnelle Bergsteigen in den Alpen erfunden und bog am Ende alles zu einer neuen Form von Slow-Food-Alpinismus zusammen. 2004 stürzte er tödlich ab, als er versuchte, sämtliche Viertausender zu Fuß aneinanderzureihen. Sein alter Kumpel und Blutsbruder Patrick Edlinger verfiel immer mehr dem Alkohol und starb auf skandalös banale Art bei einem Treppensturz – Edlinger, der an den Fingerspitzen hängend die Grande Nation verzückt hatte! Nicht wenige aus seinem Umfeld führten dies auf den Verlust seines Freundes Berhault zurück, über den er immer gesagt hatte: »Er war der Bruder, den ich in meiner Kindheit nie hatte.«

An den großen Bergen der Erde gingen mittlerweile alle, die etwas sportlich Relevantes leisten wollten, nach dem Motto »leicht & schnell« an den Start. Es war ein Erfolgsrezept: Mit leichtem Gepäck war alles nicht so anstrengend, also war man schneller und kam auch tatsächlich schneller durch gefährliche Zonen mit Eis- oder Steinschlag, außerdem ist das Risiko eines Wetterumschwungs erheblich kleiner, wenn man nur einen statt zwei Tage am Berg ist. So weit, so gut. Wenn aber doch etwas schiefging, saß man natürlich in der Klemme: ohne Schlafsack, ohne Essensvorräte. Aber lautete das Erfolgsrezept der Erlebnishungrigen nicht schon immer *no risk, no fun*?

Jedenfalls könnte dies das Motto gewesen sein, als die Amerikaner Steve House, Mark Twight und Scott Backes sich 2000 die Slowaken-Route am Denali (damals noch »Mount McKinley«) vorknöpften, mit 6190 Metern höchster Berg Nordamerikas, also nicht wirklich hoch, dafür der kälteste Berg der Erde. Es war natürlich die schwierigste Linie am Berg, dazu 2700 Meter Wandhöhe. Der Plan: einfach nonstop klettern, Pausen nur zum Schnee schmelzen, kein Schlafsack (am KÄLTESTEN Berg der Erde!), nur Kocher, Tagesrucksäcke – und ab die Post! »Wir wollten die Grenze des Machbaren erreichen«, schrieb House, »und sehen, was das mit uns macht. Die Wiederholung der Route interessierte uns genauso wenig wie die Zeit an sich. Wir betrachteten sie als einen Schmelzofen, in den wir hineingingen, um verändert wieder herauszukommen.«

Für die ersten 1300 Meter brauchten sie vierundzwanzig Stunden, das waren auch die schwersten. Es folgten leichteres Gelände, Halluzinationen, Tiefschlaf beim Sichern. Dann: Verhauer, Abseilen zurück in die Route und weiter. Immer bewegen, dann wird es nicht kalt – aber in einem Gelände weit schwieriger als die Eiger-Nordwand! Nach fünfzig Stunden (!) konnten sie nicht mehr. Im Schnee kauernd zitterten sie dem Sonnenaufgang entgegen. Dann weiter zum Gipfel, im Abstieg hatten sie es wieder im Griff. Sie hatten die Methode »leicht & schnell« noch einmal entscheidend verschärft und damit den Spitzenalpinismus für immer verändert: Wenn DAS möglich war, was ging dann erst an den Achttausendern?

Hatten sie sich selbst – wie geplant – auch verändert? Nun ja: Scott Backes schrieb einen Essay mit dem Titel *Leben heißt Leiden*, hier blieb also vermutlich alles beim Alten. Mark Twight begann eine extrem erfolgreiche Laufbahn als Fitnesscoach, trainierte Spezialeinheiten des amerikanischen Militärs und Hollywoodstars für Filme wie *Batman vs. Superman*. Über ihn kursiert aber auch der Witz: »Wenn er bei Frost zittert, dann nur aus Wut, weil es nicht noch kälter ist.« Der größte dieser drei Bergsteiger aber wurde Steve House.

Mitte der 90er stand Alexander Huber, Jahrgang 1968, im Zenit seines Sportkletterkönnens, ahnte aber, dass er sich von der reinen Schwierigkeit her nicht mehr würde steigern können. Er hatte mehrere Ausdauerhämmer im Grad 9a erstbegangen, der Aufwand war jedes Mal enorm, sein eigenwilliges Abnehmprogramm für diese Touren sah laut unbestätigten Gerüchten folgendermaßen aus: Nulldiät plus ausgedehnte Bergläufe und am Abend eine Halbe: Man könne ja auf viel verzichten, aber beim Feierabendbier höre der Spaß auf. Aber noch schwerer würde es nicht gehen, tatsächlich blieb 9a auf

Jahre hinaus eine Schallmauer, die auch sonst keiner durchbrechen konnte. Sein Niveau an der Weltspitze einfach zu halten, das interessierte ihn nicht, so ein Selbstbewusstsein muss man auch erst mal mitbringen.

Geprägt war Alexander Huber genau wie Beat Kammerlander vom alpinen Klettern, als Dreizehn-, Vierzehnjähriger hatte er mit seinem älteren Bruder Thomas erst den Wilden Kaiser, dann die Berchtesgadener unsicher gemacht: Solche Erlebnisse sind nun mal mit keinen Höchstschwierigkeiten im Klettergarten zu toppen. Mit sechsundzwanzig beschloss er, sein Können an hohen Wänden zu proben.

Am El Capitan, diesem großen heiligen Felsen, gab es ja noch so endlos viel zu tun, nur *Nose* und *Salathé Wall* waren frei geklettert, die *Salathé* dabei etwas leichter, auch würde er sich mit seinen Mannsbildfingern in manchen Griffen schwertun, an denen Lynn Hill mit ihren schmalen Damenhänden Vorteile hatte. Er checkte die Schlüsselstellen der Headwall der *Salathé* von oben im Toprope aus, deponierte Wasser in der Wand und machte mit den 1000 Metern kurzen Prozess: »Der Aufwand war viel kleiner als bei den ganzen 9a's davor, für die ich immer so lang hatte trainieren müssen. Wenn du 9a einmal draufhast, sind diese Schlüssellängen mit 8a+ nicht so das Problem.« Eine solch nüchterne Betrachtungsweise muss man sich leisten können.

Zum damaligen Zeitpunkt hielt er hier und da einen Diavortrag und studierte Physik, man musste ja von irgendwas leben, später mal. Aber die *Salathé*, spürte er, war etwas Besonderes, und er hatte diesen besonderen Fotografen, Heinz Zak aus Tirol, mit dem er schon zuvor erfolgreich gearbeitet hatte. In großen Routen wie am El Cap entstanden die Kletterfotos bisher immer nebenher: Während der Begehung machte man vom Standplatz aus schnell ein Bild vom Seilpartner in Aktion.

Nun wurde Klettern langsam aber sicher kommerzieller – und Zak, als Kletterer selbst bärenstark, konnte in der Wand agieren wie kein anderer Fotograf der Welt: Er wusste, wie die Sonne für den besten Shot stehen und wo er sich wann und wie platzieren musste, schwebte an den Fixseilen hin und her wie ein Artist in der Zirkuskuppel. Und schoss die großartigste Session von Kletterbildern, die es je gab, ja vielleicht bis heute gibt. Durch vierzehn (!) Coverbilder auf sämtlichen wichtigen Klettermagazinen des Planeten erfuhren die Kletterer in aller Welt innerhalb weniger Wochen von der Aktion, vor dem Eintritt ins Internetzeitaler war das unglaublich schnell.

Dieser Coup lag »weniger an der sportlichen Leistung, sondern an diesen sensationellen Bildern, die der Heinz damals geschossen hat«, wie Huber bis heute betont. Die Fotos veränderten sein Leben: Er verdiente mit seinen Vorträgen nun so viel, dass er endgültig Profi war. Und Zak hatte mit dieser Session die Kletterfotografie so grundlegend verändert wie Alexander Huber die alpine Freikletterei erst noch verändern sollte. Gleichzeitig verlor Klettern jetzt immer mehr seine Wahrnehmung als Teamsport: Wer ihn an der *Salathé* gesichert hatte, interessierte niemanden mehr. Andererseits: Wer eine solche Route in Seilschaft in abwechselnder Führung klettern würde, der hätte tatsächlich auch nur die halbe Route gemacht.

1997 glückte ihm mit seinem Bruder Thomas, Toni Gutsch und dem Kanadier Conrad Anker die 2000 Meter hohe Westwand des Latok II (7108 m) im Karakorum. Im unteren Teil, dem Zustieg zur eigentlichen Wand durch eine lawinenbedrohte Rinne, war es haarsträubend gefährlich, im oberen Teil, einer 1000 Meter hohen Felswand, bemerkenswert schwer:

vergleichbar dem El Capitan, wenn auch in den Schwierigkeiten nicht so anhaltend. Ein großartiger Erfolg, dessen ent-
scheidender Punkt aber darin lag, dass hier eben die Huberbuam am Start waren, denn Thomas war mittlerweile selbst
als Spitzenkletterer eine große Nummer. Vor allem aber, dass
Alexander Huber, der 9a-Mann, der *Salathé*-Bezwinger, auf
eine solche Expedition ging, öffnete für die Jungen den Blick
in eine neue Richtung: Lasst uns was erleben, Leute! Jahrein,
jahraus an sonnigen *shortclimbs* die Bohrhaken klinken, konnte einen das wirklich dauerhaft ausfüllen? War es nicht aufregender, vollständiger Kletterer zu sein, der auch auf Abenteuer
zog? Plötzlich sah die senkrechte Welt anders aus, weil es einen gab, der vorausging: Alexander Huber.

In den folgenden Jahren wandte er sich wieder dem El Capitan zu und führte den staunenden Amerikanern vor, was ging:
Ein halbes Dutzend Routen kletterte er (meistens, aber nicht
immer mit seinem Bruder) am El Capitan frei, eine fantastische
Linie nach der anderen – im Wohnzimmer der ebenso ehrfürchtig wie passiv zuschauenden Amerikaner. Thomas Huber
blieb dabei immer ein wenig im Schatten des jüngeren Bruders,
war dafür aber der stärkere Expeditionsbergsteiger. 2001 gelang
ihm mit zwei Schweizern die erst zweite Besteigung des Ogre,
der seit der dramatischen Erstbesteigung 1977 alle Bewerber
abgeschüttelt hatte – über 30 Expeditionen waren dort seitdem
gescheitert. Um die Jahrtausendwende war Thomas Huber vermutlich der beste Allroundbergsteiger der Welt, doch die größeren Schlagzeilen hatte dann wiederum sein Bruder.

Der hatte sich im Winter 2000 allein und technisch durch
den überhängendsten Teil der Nordwand der Westlichen Zinne genagelt – niemand ahnte, dass er diese surreal überhängende Linie rotpunkt klettern wollte. Im Sommer 2001 vollendet,

war *Bellavista* im Schwierigkeitsgrad 8c nicht nur die schwerste Freikletterei der Alpen, sondern auch eine der abenteuerlichsten. So spektakulär überhängend und streckenweise eindrucksvoll brüchig es auch hinaufging, Bohrhaken gab's nur an den Standplätzen. Passieren konnte nichts, man stürzte ins Freie und baumelte am Seil, es war alles »nur« Nervensache.

Wie in dem schönen Song *Football's coming home* das Kicken zur Fußball-EM 1996 nach England, kehrte mit Alexander Huber das große Klettern zurück an die Drei Zinnen. 2002 kletterte er die Direttissima *Hasse-Brandler* (8+) an der Nordwand der Großen Zinne free solo – der große Kurt Albert hatte sie 1987 »befreit«, wie das bei den ersten freien Begehungen alter technischer Wege nun hieß. Huber hatte einerseits die Zinnengruppe zurück ins Scheinwerferlicht geholt – so wie der große Walter Bonatti einst mit drei Erstbegehungen am *Grand Pilier d'Angle* an der Südseite des Montblanc einen Berg quasi als alpines Ziel erschaffen hatte. Vor allem aber hatte er zusammengebracht, was unbedingt zusammengehört: die Athletik der höchsten Schwierigkeitsgrade und das Abenteuer, das zum Bergsteigen dazugehört wie die Berge selbst. Genau darin sind seine Wirkung und Bedeutung begründet, genau das zeichnet sein Lebenswerk aus: Er hat dem Freiklettern eine neue traditionelle Mitte gegeben und dem Bergsteigen viel Modernität.

Der andere, der in diesem Zusammenhang wichtig bleibt, ist der bereits genannte US-Amerikaner Dean Potter. Er sorgte in den 90ern im Yosemite mit blitzschnellen Speedbegehungen der *Nose* für Furore – der Rekord an dieser Route ist seit jener legendären Eintages-Begehung von 1975 durch Bridwell, Westbay und Long ein besonderes »testpiece«. Dazu – das ist beim Legendewerden immer von Vorteil – kletterte er im Alleingang *Nose* und *Half Dome* passagenweise mit Seil, teils ohne. »Gladiator style« nannte er das, Heinz Zak fotografierte. Und Potter lebte, wie es sich gehörte, im »Camp 4« von der Hand in den Mund. Obwohl er kaum wichtige Erstbegehungen unternommen hat, wurde er zu einer alpinen Ikone, indem er das Abenteuer auf einmalige Art und Weise ausweitete. Er kletterte free solo, war einer der besten Highliner seiner Zeit und ging die Mutter aller Highlines am Lost Arrow Spire im Yosemite als Erster ungesichert. Damit nicht genug, profilierte er sich als BASE-Jumper und reicherte das Klettern mit benachbarten Disziplinen an, ähnlich wie der 1990 verunglückte Franzose Jean-Marc Boivin.

So stieg Potter mit seiner damaligen Ehefrau, der großartigen Steph Davis, auf einen Gipfel in Patagonien und sprang mit dem Schirm ab – die Gattin musste sehen, wie sie allein vom Berg wieder herunterkam. Oder er kletterte free solo mit einem BASE-Schirm auf dem Rücken: »Wenn ich falle, dann sterbe ich nicht, sondern fliege, das ist das Tollste, was es gibt: instead of Dying – Flying!« Klettern, Highlinen, Fliegen, für ihn waren das drei Kunstformen, die er zu verschmelzen suchte und über die er sehr lesenswert schrieb. Am Ende starb er, es schien unvermeidlich, bei einem BASE-Sprung im Yosemite.

Er hat einen kurzen Auftritt in dem visuell großartigen, ansonsten sein Ziel verfehlenden Film *Am Limit*, der die Huberbuam bei einem Speedversuch an der *Nose* zeigt. Im Internet gibt es das nette Video *When Dogs fly*, da nimmt er seinen Hund huckepack mit bei einem BASE-Sprung am Eiger. Seine Aura von Abenteuerlust und Innovation, von Leben nach eigenen Regeln war einmalig und inspirierend. Wenn es je einen Kletterer gab, der wirklich jeden Atemzug bewusst und intensiv gelebt hat, dann war es Dean Potter.

9.

PROFESSIONALISIERUNG
UND NEUE HÖCHSTLEISTUNGEN

2005 STEVE HOUSE, VINCE ANDERSON: NANGA PARBAT, RUPALWAND-ZENTRAL-
PFEILER IM ALPINSTIL
2017 ALEX HONNOLD: EL CAPITAN FREE SOLO

Manche Berge wirken größer durch das, was Menschen an ihnen vollbracht oder erlitten haben. Der Nanga Parbat ist so
ein Berg. Auf die epischen Katastrophen der Deutschen und
ihrer Träger in den 30er-Jahren folgte die kolossale Erstbesteigung 1953 durch Hermann Buhl im Alleingang, dann kam
der Kreuzweg Reinhold Messners, der 1970 nach Durchsteigung der Rupalwand seinen jüngeren Bruder Günther verlor. 1978 kehrte Messner an den Nanga zurück, vom Verlust
des Bruders auf ewig traumatisiert, zugleich befreit durch die
historische Glanzleistung der ersten Everest-Besteigung ohne
künstlichen Sauerstoff. Nun setzte er sein Leben bei der ersten
echten Alleinbesteigung eines Achttausenders, also ab Basislager und nicht ab letztem Hochlager, aufs Spiel und gewann es

zurück wie bei einem Gottesurteil, das nur dem Auserwählten gnädig ist. So entstand seine mythische *persona* des ewig Suchenden.

Steve House aus Oregon scheiterte am Nanga im zarten Alter von 19 Jahren, seitdem wollte er nur eins: zurück an diesen Berg – aber erst, wenn er wirklich bereit war. War das Prinzip »leicht & schnell« jetzt schon länger der Schlüssel zum Erfolg, drehte House die Schraube eine radikale Umdrehung weiter: »nonstop« tobte er durch die kombinierten Wände Alaskas und Kanadas, 30, 40 Stunden ohne Schlaf. In der Slowaken-Route am Denali wurden es sechzig Stunden – okay, Schönheitsfehler: Es gab Pausen wegen Ohnmacht.

House perfektionierte, radikalisierte sein »leicht & schnell« immer weiter, manchmal allein, manchmal mit Partner. Schritt für Schritt entwickelte er sich weiter und kehrte 2005 mit 35 an den Nanga zurück, er hatte 18 Jahre darauf gewartet. Sein Partner Vince Anderson und er planten den bis heute kühnsten Streich des Höhenbergsteigens: den Zentralpfeiler der Rupalwand, mit 4000 Meter Wandhöhe und Felsschwierigkeiten bis zum sechsten Grad für einen Nonstop-Versuch freilich a bisserl zu lang.

Vom 1. bis 8. September stemmten sie – andere fahren in dieser Zeitspanne für eine Woche an den Strand – diesen physischen wie mentalen Gewaltakt. Rettung wäre unmöglich gewesen, ein Rückzug aber auch: Für jede Abseilstelle braucht man mindestens einen Fixpunkt, sicherer sind zwei – und so viele Haken, Keile, Eisschrauben, wie sie gebraucht hätten, um durch diese Riesenwand abzuseilen, konnten sie unmöglich mitnehmen.

Am Gipfel schluchzte House Tränen der Erleichterung, sie fielen in den Schnee und waren nun eins mit dem Berg.

Messner erklärte ihn zum besten Höhenbergsteiger der Welt, aber das war auch so offensichtlich. House und Anderson machten gemeinsam weiter, einerseits nie wieder so erfolgreich, weil nie wieder so spektakulär, andererseits perfekt erfolgreich: Sie sind noch am Leben.

Mit dem Speedbergsteigen etablierte sich nicht nur eine neue alpine Disziplin, sondern auch eine neue Nische der Vermarktung. Während die Schwierigkeit einer alpinen Unternehmung immer stark von den Verhältnissen und schwer nachvollziehbaren Details abhängt, ist die Zeit ein logischer Parameter, den jeder begreift und der sich tatsächlich vergleichen lässt. In weniger als vier Stunden rannte der Walliser Bergführer Andreas Steindl die 3000 Höhenmeter von Zermatt aufs Matterhorn und wieder hinab, der Berchtesgadener Toni Palzer in unter drei Stunden auf den Watzmann, über den Watzmann und zurück ins Tal. Die Schnelligkeit ist hierbei aber nicht ausschließlich eine Kommerzgeschichte, sondern bereitet den Aktiven tatsächlich unglaublich Freude – sie erleben ja dieselbe Umgebung, nur eben noch intensiver.

Meister dieser Disziplin war der Schweizer Ueli Steck, der als Weltklasse-Allrounder Rekorde an allen drei großen Nordwänden aufstellte und dabei sicher der Erste war, der auf Steigeisen die Eisfelder hinaufjoggte (!). Atemberaubend war vor allem sein Rekord an den Grandes Jorasses: Er wählte die äußerst schwierige *Colton-McIntyre-Route* im zentralen Wandteil, weil sie weniger Klettermeter hat als das deutliche einfachere *Linceul* im linken Wandteil, in dem sich seine Vorgänger im Kampf um die schnellste Zeit unterboten hatten. Dass Steck imstande war, eine so anspruchsvolle Route solo in Höchstgeschwindigkeit anzugreifen, verdeutlicht seine Ausnahmestellung. Bei seiner Durchsteigung der Annapurna-Südwand

2013 allerdings blieben Zweifel, hinter vorgehaltener Hand glaubten das aus der Fachwelt viele nicht mehr. Nach seinem Tod 2017 legte sich ein finaler Mantel des Schweigens über diese Aktion – Steck war nicht nur herausragend fähig, sondern auch äußerst beliebt.

Mittlerweile hat Stecks Landsmann Dani Arnold dessen Rekorde unterboten, tobte zum Beispiel in nur 46 Minuten durch die 550 Meter hohe Nordwand der Großen Zinne. Das ist schwierigstes Bergsteigen auf allerhöchstem Niveau – die Rekorde an den Normalwegen der Achttausender dagegen sind sportlich genauso irrelevant wie diese skihangflachen Normalwege selbst. Der Österreicher Christian Stangl, selbst ernannter *Sky Runner* auf die höchsten Bergen der Welt machte sich lächerlich, als er mit einem gefälschten Gipfelfoto vom K2 aufflog: Obwohl 1000 (!) Meter tiefer, habe er vor lauter Stress geglaubt, er sei oben. Messner zürnte, Stangl tauge mit all seinen Rekorden nicht einmal dann zur Fußnote der Alpingeschichte, wenn er den Gipfel des K2 tatsächlich erreicht hätte.

Aber auch in anderen Disziplinen purzeln numerische Grade, hier wird offensichtlich, welche Faktoren vor allem für die neuen Höchstleistungen verantwortlich sind: verbesserte Trainingsmöglichkeiten und Professionalisierung durch mehr Sponsorengelder. Praktisch überall stehen heute Kletter- und Boulderhallen zur Verfügung – ganzjährig, während jedes Felsklettertraining im Winter früher schlicht ausfiel. Oft gibt es extra Abteilungen mit ausgeklügelten Geräten und hauptberuflichen Trainern. Und wenn man früher Trockentraining machte, geschah das nach einem simplen männlichen Grundsatz: Gelobt sei, was hart macht. Gut 40 Jahre nach Güllichs ersten Ansätzen für ein systematisches und spezifisches

Krafttraining gibt es heute Trainingspläne für jedes Alter und jedes Niveau: Kraft, Beweglichkeit, Ausdauer, Ernährung.

Zusätzlich hat sich das Routensetzen in den Hallen zu einer wahren Kunstform entwickelt: Das Ambiente dort ist natürlich nie besonders reizvoll, aber die Bewegungen selbst, die *moves*, sind mittlerweile oft so großartig, dass man das ohne Weiteres auch als Selbstzweck betreiben kann. Vor allem warten in der Halle immer ausreichend Routen im exakt richtigen Schwierigkeitsgrad, um sich aufzuwärmen, ein schweres Projekt zu klettern oder Ausdauermeter zu spulen und sich schließlich wieder abzuwärmen. Überhängende Touren stärken Körperspannung, Oberarm- und Schultermuskulatur, die senkrechten die Fingerkraft. Wer einmal länger in der Halle trainiert hat, der weiß: Am Fels macht es unterm Strich natürlich erheblich mehr Spaß, fitter bliebe man, wenn man nur noch »Plastik« klettern würde.

Hinzu kommt ein weiterer Effekt: Immer können die Jungen die schwersten Kletterwege der jeweils älteren Generation versuchen und an ihnen trainieren – ein Wolfgang Güllich konnte als Zehnjähriger keine Route im zehnten Grad probieren wie David Lama oder Adam Ondra, von denen noch die Rede sein wird. Güllich kletterte als Teenager jahrelang im sechsten Grad, weil schwerere Touren noch nicht existierten. Dennoch kam er noch zum elften Grad; wie weit wäre er gekommen mit den Trainingsmöglichkeiten von heute?

Und über die enorm gestiegene Zahl von Bergsportlern allgemein wuchs der Markt für Produkte, für die sich mit erfolgreichen Bergsportlern als Idolen werben lässt. Dadurch werden immer mehr junge hochmotivierte Athleten gesponsert, die sich ihrem Sport Vollzeit widmen können statt zwischendrin wertvolle Trainingszeit ins lästige Geldverdienen investieren zu müssen.

Auch fallen heute Talente früh auf und werden oft schon ab dem Grundschulalter professionell betreut, wie es in vielen anderen Sportarten seit jeher der Fall ist. Alpinlegende Peter Habeler entdeckte die Begabung des jungen David Lama, Sohn einer Tirolerin und eines nepalesischen Sherpa, als er den damals Fünfjährigen in einem Kletterkurs betreute. Er gab ihn in die Obhut Reinhold Scherers, der eine Kinderklettergruppe für die Sektion Innsbruck des Österreichischen Alpenvereins aufbaute. »Um motiviert zu bleiben, brauchen Kinder ein spielerisches Umfeld mit anderen Kindern, alles andere kommt hinterher«, so Scherers Credo. Aus seinen Klettergruppen gingen so viele Welt- und Europameister hervor, dass er heute als einer der erfolgreichsten Trainer Österreichs gilt.

Wunderkind Lama kletterte den zehnten Grad mit zehn Jahren, wurde Juniorenweltmeister, dann startete er als Jüngster bei den Erwachsenen, gewann auch dort so gut wie alles. Als er achtzehnjährig und alpin völlig unerfahren verkündete, er wolle jetzt auf den Cerro Torre, und zwar frei über die *Kompressorroute* von Maestri, reagierte die Szene peinlich berührt. Der Leser erinnert sich: 360 Bohrhaken an einem sturmumtosten spektakulär schwierigen Gipfel in Patagonien – all diese Haken wollte er frei überklettern, unter diesen Bedingungen und vor allem: ER?! Seine Weltcupsiege und Erfolge auf all den anderen Wettkämpfen waren im Grunde eine eher zweifelhafte Qualifikation – ein Champion mit Rückennummer?

Im ersten Anlauf dilettierte er tatsächlich, die Kcamerateams, die mit am Start waren, hartgesottene Allroundbergsteiger, spotteten hinter vorgehaltener Hand, sie würden hier den zweiten Teil von *Denn sie wissen nicht, was sie tun* drehen. Die für Dreharbeiten in der Wand montierten Fixseile hingen an weiteren, neuen Bohrhaken, zudem hatte dieser kaum volljährige Hallenfuzzi mit Red Bull den finanzkräftigsten Sponsor aller Kletterer. Ein Shitstorm, heftig wie die real existierenden Unwetter Patagoniens, war die Folge – obwohl Fixseile fürs Kcamerateam bei solchen Dreharbeiten völlig normal sind. Die Kritik traf Lama an seiner Ehre als Kletterer, aber noch etwas anderes geschah: Er merkte, dass das große Bergsteigen aufregender war als alles, was er bislang gemacht hatte. Er bestritt keine Wettkämpfe mehr. Er hatte das Abenteuer gefunden. Oder sagen wir: das Abenteuer ihn.

In dem Osttiroler Peter Ortner – am Torre als Bergführer und Rigger für die Kameraleute engagiert – suchte er sich einen neuen Seilpartner, als allererste gemeinsame Tour machten sie gleich Alexander Hubers *Bellavista* an den Zinnen. Dann stürzte er sich allein und mit ausgeklügelter Selbstsicherung in unbekannte Mixed-Routen, mal im Montblancgebiet, mal an irgendwelchen Zweitausendern, die nun überhaupt niemand mehr kannte. Nach all den Wettkämpfen vor Publikum und all den Kameras am Cerro Torre fand er Freude an einem alpinen Grundprinzip: dort hingehen, wo niemand zuschaut und etwas tun, was niemanden interessiert.

Im zweiten Anlauf ein Jahr später erreichten sie den Gipfel des Cerro Torre über die *Kompressorroute*. Nicht frei, aber er hatte sich die entscheidenden Stellen ansehen können und gemerkt, dass das ging, wenn denn der Fels freundlicherweise auch mal irgendwann trocken wäre. Als im dritten Anlauf im Januar 2012 endlich eine Schönwetterphase anstand, die genug Wärme versprach, dass der Fels tatsächlich trocken sein würde, nahm alles eine aberwitzige Wendung: Die kanadisch-amerikanische Seilschaft Jason Kruk und Hayden Kennedy umging fast sämtliche Bohrhaken und kletterte die Gipfelwand auf einer neuen Variante links der *Kompressorroute*. Beim Abseilen schlugen sie die Maestri-Haken in den letzten Seillängen der Headwall ab. Um, wie sie sagten, dem Berg seine Würde zurückzugeben. Beliebt machten sie sich allerdings nicht, so aufgebracht bedrängte sie die Menge im Talort El Chaltén, dass die Polizei sie in Schutzhaft nahm. Sie hätten es sich denken können – die Zeiten, in denen Gringos in Lateinamerika ungefragt Vorschriften erlassen dürfen, sind nun mal vorbei.

Andererseits: Wenn das Anbringen der Haken damals verkehrt war, konnte es dann jetzt falsch sein, wenn man sie entfernte? Wieder schlugen die Wogen von Pro und Contra im Internet hoch, kein anderer Berg der Welt hätte eine solche Aufmerksamkeit erreichen können. Irgendwie erinnerte der Aufstand um das Ende der Maestri-Route an die traurige Lady Diana: Mit ihrer Hochzeit hatte sie die weltweit höchsten Einschaltquoten in der Geschichte des Fernsehens erzielt, konnte sie am Ende aber noch einmal übertreffen: mit ihrer Beerdigung. David Lama hatte eine Route frei klettern wollen, deren letzte Seillängen nicht mehr existierten. 120 Bohrhaken weniger (!) standen als Sicherungen zur Verfügung. Neue Bohrhaken setzen wollte er aber auch nicht. Genau das war aber doch nun jahrzehntelang Brauch gewesen: Bohrhaken setzen, um freiklettern zu können.

David Lama wollte im Gegensatz zu Kruk und Kennedy niemandem vorschreiben, was falsch und richtig sei. Und wollte er im Spiel bleiben, musste er nach nunmehr drei Jahren den Einsatz verdoppeln: mehr Risiko. Natürliche Sicherungsmöglichkeiten gibt es in dem geschlossenen Granit der

Headwall nicht viele. Und der seit Jahrmillionen Stürmen und Frost ausgesetzte Granit ist mürbe, die obersten Millimeter bröseln weg, da können auch Sicherungen herausfallen, die eigentlich gut liegen. Er sah sich einer erheblich größeren Herausforderung gegenüber, als er sie ursprünglich gesucht hatte. Aber das Abenteuer hatte ihn gefunden, längst schon: Er nahm an, ohne zu zögern.

Ein Fehler in der ausgenagelten *Kompressorroute* konnte tödlich sein. Hätte er nicht die Stärke besessen, einem tödlichen Sturz ins Auge zu blicken und dabei Ruhe zu bewahren, er wäre schon in den Routen abgestürzt, die er zur Vorbereitung gemacht hatte. So zu klettern, ist das Gegenteil von Russisch Roulette, man überlässt sich nicht dem Zufall, sondern den eigenen Fähigkeiten. Und Wettkampfklettern ist in einem Aspekt die perfekte Vorbereitung auf den Ernst des Bergsteigerlebens: Der Wettkampfkletterer ist mental imstande, seine bestmögliche Performance genau dann abzurufen, wenn es sein muss.

Im unteren Teil umging David Lama Maestris erste große Bohrhakenstrecke mit einer Variante, Schwierigkeitsgrad 8a (10-), dann Biwak. Am zweiten Tag kletterte er zwei der ausgenagelten Maestri-Längen – man kann es nicht oft genug wiederholen: frei und ohne Bohrhaken! Dann ging er einige Meter rechts der Maestri-Linie, wieder frei und ohne Bohrhaken! Mit schlechten Keilen in sehr langen Abständen, in brüchigem, teils nassem Fels. Er erreichte, von unten bis ganz oben in freier Kletterei, den Gipfel. Und sicherte sich ein Reiterstandbild in der alpinen Geschichte.

Der Kinofilm *Cerro Torre* erwischte in Deutschland einen schlechten Start: Die Premiere fiel auf denselben Tag wie der Prozessbeginn gegen Deutschlands beliebtesten

Steuerhinterzieher Uli Hoeneß, das Premierenkino lag tatsächlich nur wenige hundert Meter neben dem Gerichtsgebäude. Niemand sprach damals über den Film, sehenswert ist er trotzdem und bei verschiedenen Streaming-Anbietern erhältlich.

David Lamas Weg war ähnlich wie der von Alexander Huber, nur dass er noch viel weiter von einer Seite des Spektrums auf die andere wechselte. Huber wechselte von Einseillängenrouten zum perfekten Granit am 1000 Meter hohen El Capitan und weiter in die brüchigen Überhänge der Westlichen Zinne. Lama wechselte vom Plastikklettern an die obendrein noch ausgenagelte *Kompressorroute* am Cerro Torre und weiter an Berge, die eher noch ungemütlicher waren: den Moose's Tooth in Alaska und zur Solo-Erstbesteigung des Lunag Ri (6907 m) im Himalaya. Dort wollte er eigentlich mit dem kanadischen Altmeister Conrad Anker hinauf, der sein Vater hätte sein können und in der Wand einen Infarkt erlitt, den er jedoch überlebte. Andere Partner wollten mit, David Lama zog es vor, die Sache allein zu beenden. Und tatsächlich kletterte er in drei Tagen allein auf den spektakulären Zahn. Extreme Schwierigkeiten war man bei ihm gewohnt, doch dazu kamen Temperaturen von minus 30 Grad bei Windgeschwindigkeiten von über 100 Kilometern pro Stunde.

Die Wandlung und der Weg des David Lama sind bis hier eine der schönsten Geschichten, die der Alpinismus geschrieben hat, aber: Er ging immer ans Limit, überlebt hatte er das bis dahin keineswegs durch Glück, sondern unter Einsatz eines vielleicht einmaligen Gesamtpakets aus motorischem Talent, Physis und Nervenstärke. Dass die Grenzbereiche, in denen er aufblühte, außergewöhnliche Fähigkeiten verlangen und keine Fehler erlauben, ist offensichtlich. Aber sie verzeihen auch nicht, wenn man einfach ein kleines bisschen Pech hat. Und je öfter man an die Grenze geht, je öfter man mit maximaler Geschwindigkeit durch eine Kurve fährt, desto wahrscheinlich wird es, dass es einen irgendwann hinausträgt.

Im April 2019 kam David Lama mit seinen Seilpartnern Hansjörg Auer und Jess Roskelley am Howse Peak in den kanadischen Rockies ums Leben. Als wahrscheinlich gilt, dass oberhalb von ihnen am Gipfelgrat eine Wechte brach und sie aus der Wand riss.

So wie David Lama auf dem Boden groß wurde, den die Freikletterrevolution bereitet hatte, hatte den zwölf Jahre älteren Tommy Caldwell, geboren 1978 in Colorado, die Epoche kurz nach dem eigentlichen Umbruch geprägt: Als Siebzehnjähriger sah er 1995 Heinz Zaks Bilder von Alexander Huber in der *Salathé-Wall* und erkannte seine Bestimmung: »Das wollte ich unbedingt auch machen, Freiklettern am El Capitan!« Jeder, wirklich jeder hatte diese Bilder damals gesehen, aber dass Caldwell von ihnen entscheidend motiviert wurde, ist keine Spekulation: Bei Dreharbeiten im Yosemite mit ihm und Heinz Zak zeigte ich ihm jene Ausgabe von *CLIMBING* mit dem Salathé-Cover – Caldwells Schilderung, wie sehr ihn diese Bilder beeinflusst hatten, berührte die Fotografenlegende tief.

Caldwells Geschichte reicht von der Teilnahme beim ersten Wettkampf auf amerikanischem Boden 1988 bis ins Livestreaming-Zeitalter bei der Durchsteigung seiner grandiosen *Dawn Wall* am El Capitan 2015. Vor allem aber ist es die Geschichte eines Helden, der wie der kleine Hobbit im *Herrn der Ringe* seine Kraft daraus zieht, dass er sich nicht erhöhen will, sondern Werten dient, von denen er als kleines Menschlein genau weiß, dass sie größer sind als er, größer als wir: der Glaube daran, aus einer Niederlage wieder aufstehen zu können, zu müssen, und der Glaube an den Wert von Brüderlichkeit, ja Menschlichkeit an sich.

Caldwell wiederholte die *Salathé,* danach alle freien Routen der Hubers und »befreite« klassische Bigwalls wie *Magic Mushroom* oder *Dihedral Wall,* fast immer in Seilschaft mit seiner Frau Beth Rodden, mit ihr gemeinsam gelang auch endlich die dritte bzw. vierte freie Begehung der *Nose.* Er kletterte *Nose* und *Salathé* nacheinander am selben Tag, verlor den linken Zeigefinger bei einem Heimwerkerunfall, kehrte stärker zurück, war nun »Mr. El Cap«.

Aber als seine Beth ihn verließ, wusste er nicht mehr weiter. Und weniger aus Entdeckergeist als aus dem Motiv, beim Jammern wirklich allein sein zu wollen, seilte er sich ab in eine neue Linie am El Capitan: durch den blankesten, geschlossensten, schwierigsten Teil der Wand, dort wo die Morgensonne den Berg zuerst beleuchtet, die *Dawn Wall.* Anfangs war ihm gleich, ob diese Linie wirklich frei machbar sein würde, er suchte nur Ablenkung von dem Kummer, dass seine Frau ihn verlassen hatte. Mit Kevin Jorgeson stieg ein Partner ein, der Bigwalls bislang nur von unten kannte, aber er bewährte sich. Jahrelang checkten sie Bewegungsabläufe aus, übten sie ein. Caldwell verliebte sich neu, seine zweite Frau Rebecca verstand von Klettern wenig, aber als Frau sehr gut, dass er das durchziehen musste – Männersache, was willst du da reden?

Mit seinem Yosemite-Spezl Alex Honnold, schon vor jener Großtat am El Capitan für seine gewagten Solos bekannt, unternahm Caldwell einen Abstecher nach Patagonien. In einer Blitzaktion holten sie sich die seit Jahrzehnten umworbene Gesamtüberschreitung des Fitz-Roy-Massivs: fünf Tage, 4000 Höhenmeter, aus Gewichtsgründen nur eine

Eisschraube, ein Pickel, ein Schlafsack. Die trockenen Passagen im Fels gingen sie in Kletter-, alles andere in Trekkingschuhen (!). Es war Honnolds erster Trip nach Patagonien, sie gewannen den Piolet d'Or, und Caldwell kehrte zurück an sein Langzeitprojekt, die *Dawn Wall*.

Mittlerweile hatte das Internet-Zeitalter den Alpinismus erreicht, vor allem Berge mit gutem Netz wie den El Capitan. Hunderttausende folgten Caldwells Postings aus der Wand. Weil bei Kälte der Grip am Fels besser ist, stieg er mit Jorgeson zum *final push* Ende Dezember 2014 ein: zweiunddreißig Seillängen in unfassbar konzentrierter Schwierigkeit im neunten, zehnten, elften Grad. Caldwells Follower plus ein Artikel in der *New York Times* plus »Schwierigster Freikletterbigwall der Welt« potenzierten sich zu einem Medienhype, wie ihn die Welt des Kletterns noch nie erlebt hatte und der auch alles rund um David Lama am Cerro Torre in den Schatten stellte.

Über 20 Fernsehsender berichteten live (!) vom Wandfuß. Und als wäre die Route nicht schwer genug, fanden sich die Protagonisten plötzlich unter Erfolgsdruck von außen. Die schwierigste Seillänge Nr. 15 war in der Vorbereitung noch nie rotpunkt gelungen, nur einzelne Sequenzen. Und jetzt schaute die Welt live zu, wie sie Caldwell gelang, während Jorgeson immer wieder scheiterte. Noch nie hatte sich die Öffentlichkeit so sehr für den Fortgang einer Route interessiert, noch nie wurde vergleichbar AUS der Wand berichtet: Zwar stellte Caldwell irgendwann entnervt sein Smartphone ab (er behauptete, er habe es verloren), aber es gab immer noch die Postings vom Kamerateam in der Wand und die riesigen Teleobjektive der Übertragungswagen dort unten auf den *El Cap Meadows*.

Alles hing also an Länge 15: Wenn Jorgeson das nicht schaffte, musste Caldwell den Rest der Tour eben alleine durchziehen. Dachten alle, auch Jorgeson. Nur Caldwell dachte: zusammen oder gar nicht! Und wartete und sicherte seinen Freund, bis der da endlich doch noch raufkam. Darum ging es ihm und darum geht es doch uns Menschen überhaupt: um das Gemeinsame, Verbindende! Nach 19 Tagen waren sie am 14. Januar 2015 oben, dort warteten ihre Frauen und die Reporter, was für ein kitschiges und doch so verdientes Happy End.

Noch nie in der Geschichte des Bergsteigens war ein auch nur annähernd so großes Publikum so hautnah dran am Geschehen – und Gott sei Dank stand mit Caldwell ein Protagonist im Mittelpunkt, der tatsächlich zum Idol taugt: als Kletterer besessen, aber ein Vorbild als Mensch. Er war ein idealer Botschafter des Bergsteigens wie Hillary am Everest und blieb es: Nachdem er sich – zusammen mit Honnold – jahrelang für den Erhalt der Nationalparkstatuten stark gemacht hatte, die die Trump-Administration auflösen wollte, veröffentlichte er im Herbst 2020 auf Amerikas führender Branchenseite rockandice.com einen Aufruf zur Wahl Joe Bidens und argumentierte, dass unabhängig von allen anderen Motiven jeder, wirklich jeder, der die Berge liebt, für Umweltschutz und Bekämpfung des Klimawandels stimmen müsse und gegen den Amtsinhaber.

Ein wirkliches Idol ist eben niemals nur Athlet. Denken wir an jene Fußballer, die Elfmeter schinden und am Ende im verlogenen Triumph ihre Trophäen hochstemmen – sie taugen nicht zum Vorbild. Zum Idol und wahren Sportler gehört immer auch ein großer Charakter. Der Film *Dawn Wall* – weniger spektakulär, aber mit feinerer Klinge gearbeitet als der später oscarprämierte *FREE SOLO* – erzählt meisterhaft Caldwells Vita und die Geschichte seines großen Wegs am El Capitan. Vermutlich der schönste, größte und poetischste Film, der je über Klettern produziert wurde; auch er ist bei Streaming-Anbietern zu sehen.

Die zweite Begehung dieses bis heute härtesten Freikletterbigwalls der Welt ist einer der seltenen Fälle, bei denen die Wiederholung eine mindestens genauso große Leistung darstellt wie die Erstbegehung. Aber es handelte sich beim Zweitbegeher auch um den einzigartigen, 1993 in Tschechien geborenen Adam Ondra, der sämtliche Zeitgenossen in einem Ausmaß überragt, wie es in der Geschichte des Kletterns noch niemals der Fall war. Er begann wie Lama als Wunderkind, blieb allerdings dem Sportklettern und Freiklettern treu. »On sight« – wir erinnern uns, der erste Versuch ohne Vorkenntnisse – ist die Stilform der Virtuosen, hier zeigte er früh seine Meisterschaft: Mit acht Jahren meisterte er eine 7c+ (IX+) on sight, mit zwölf bereits eine 8b. Mit Einstudieren der *moves* im Rotpunkt-Stil gelang die erste 9a mit dreizehn.

Von da an reiste der Zauberlehrling von Gebiet zu Gebiet, sammelte die härtesten Wege, ein wuschelköpfiger Vielfraß der höchsten Schwierigkeitsgrade. Die Bewertung solcher Touren obliegt ja nun keinem offiziellen Schiedsgericht, sondern der Erstbegeher gibt im Grunde eine Art Vorschlag ab, und Wiederholer bestätigen den Grad oder werten auf oder ab; es ist einer jener charakteristischen Aspekte, in denen Klettern sich von konventionellen, formellen Sportarten unterscheiden. Gerade bei ultraschweren Wegen bleibt folglich bis zur ersten Wiederholung nie ganz klar, wie schwer sie tatsächlich sind. Und dieser tschechische Teenager sammelte so schnell die weltweit meisten Routen im Grad 9a und schwerer ein, dass er das besser vergleichen und bewerten konnte als jeder andere – er avancierte zu einer Art reisendem Eichmeister.

Ich erinnere mich, wie Adam, seine Eltern (er hatte ja noch keinen Führerschein) und Alexander Huber bei Bad Reichenhall in der Kletterkneipe »Kugelbachbauer« saßen und rundherum die Berchtesgadener und Reichenhaller Szene, die sich zuraunte, welch unfassbares Pensum an Huber-Touren dieser Fünfzehnjährige in der letzten Woche runtergerissen hatte. Großmeister Huber freute sich kollegial für den Jungen, wusste aber auch nicht mehr, was er sagen sollte. Seine Route *Open Air* am Schleierwasserfall im Wilden Kaiser in Tirol stufte Ondra hoch auf 9a+ – folglich war sie bei der Erstbegehung 1996 die schwerste Route der Welt.

Mit sechzehn bereits konkurrenzlos, stieg Ondra in die Wettkämpfe ein, auch da riss er alles nieder. Die Wettkämpfe erwiesen sich auch bei ihm als exzellentes Training fürs richtige Klettern, er wurde noch stärker, schneller, effektiver. Aber so, wie man einen Fußballer an Titeln misst, misst man einen Kletterer eben nicht an Wettkampferfolgen, sondern an Erstbegehungen. Genau damit hatte er sich lange Zeit gelassen. Dann etablierte er die ersten Wege im Grad 9b+, einige Ausflüge ins alpine Sportklettern hatte er erfolgreich, aber eher nebenbei hinter sich gebracht.

Als er 2016 für die *Dawn Wall* ins Yosemite flog, war als Fotograf wieder einmal Heinz Zak mit dabei. Im Vorschulalter hatte Ondra begeistert dessen Bildband *Rockstars* verschlungen, insbesondere ein Foto von Wolfgang Güllich hatte es ihm angetan: »Dieser Gesichtsausdruck in *Punks in the Gym*, seiner Route in Australien – so fokussiert und im selben Moment so glücklich, ich wollte unbedingt genauso sein wie er.« Mit Ende fünfzig kam Zak nicht nur als Fotograf mit in die Wand, sondern half auch, die Route nach dem ersten Erkundungs-durchstieg mit Fixseilen einzurichten. Und dokumentierte, wie Ondra dieser einmaligen Route keine Chance ließ: In nur acht Tagen (!) hatte er es geschafft.

Als Klettern zur olympischen Disziplin befördert wurde, sprangen die alpinen Verbände und die International Fede-ration of Sportsclimbing nur allzu willig über das Stöckchen, dass das IOC ihnen hinhielt: erstens keine zwei Disziplinen – Bouldern und Vorstieg (obwohl die Wettkämpfe seit Jahren in ausverkauften Hallen die Zuschauer von den Sitzen rei-ßen) –, sondern eine kombinierte Wertung, zu der zweitens noch Speedklettern hinzukommt, weil das im Fernsehen so nett ausschaut, wenn die da die Wand hinaufhampeln wie Eichhörnchen auf Speed. »Olympic Combined« nennt sich der Unfug, über den hinter vorgehaltener Hand alle schimp-fen – Ondra machte als einziger den Mund auf und kritisierte den Modus.

Ihm gelangen die weltweit ersten Routen im Grad 9b+ so-wie 2017 in Flatanger, einer »Hardmover«-Hochburg in Nor-wegen, mit *Silence* die erste 9c. Bei solchen Projekten ist das Meistern objektiver Gefahren durch genügend Bohrhaken gleich null, damit entfällt einer der im Alpinismus normaler-weise entscheidenden Aspekte. Dafür handelt es sich hierbei nicht nur um Höchstleistungen in körperlicher Hinsicht, viel-mehr geht der Athlet auf eine mentale Expedition und dort-hin, wo es seelisch weh tut. Nach Wochen und Monaten des Einstudierens ist der Durchstieg im Prinzip endlich möglich, aber jeder aller-aller-allerkleinste Fehler, sei es in der Position der Hüfte oder in der dreidimensionalen Bewegungskurve in der Luft beim Anspringen eines Griffs führen entweder direkt zum Sturz oder zu erhöhtem Kraftaufwand – und der dann dazu, dass weiter oben die Kraft nicht mehr ausreicht. Eine Route am Limit besteht aus Dutzenden einzelner hochkomplizierter Bewegungsabfolgen, die IMMER am Limit liegen – auch am Limit von Konzentrations- und Leidensfähigkeit. Oft werden einzelne Züge an der Boulderwand nachgebaut und speziell trainiert, Wochen und Monate sind schließlich investiert, nun kann man EIGENTLICH alles, man muss es »nur« endlich abrufen, während die innere Stimme mahnt: Jetzt fall nicht schon wieder an derselben Stelle, du Idiot! All das ist eine mentale Expedition, die in emotionaler Hinsicht nicht weniger Wagemut fordert als Expeditionen zu unbekannten Wänden an Achttausendern.

Zurück ins Yosemite, wo Alex Honnold 2017 als erster Mensch free solo den El Capitan meisterte, die größte Sensation der letzten Jahrzehnte. Die Leistung ist beeindruckend genug, berührend wird es, wenn man die persönliche Entwicklung Honnolds nachvollzieht: Es war einmal ein kleiner schüchterner Junge, der vor dem ständigen Streit seiner Eltern in die nächste Kletterhalle floh und im Klettern etwas fand, was er gut konnte, was ihn glücklich machte. Blutjung und ehrfürchtig pilgerte er ins Valley, lebte so scheu und schüchtern in seinem Van, dass er irgendwann zu üben begann, andere Menschen zu umarmen – er konnte das nicht. Stieg dieser schüchterne Nerd aber ohne Seil in die Wand, verwandelte er sich in Supermann, erreichte mit dieser radikalsten und reinsten Form des Kletterns ein nie da gewesenes Niveau. Hatte Jerry Moffatt die Szene mit einer On-Sight-Begehung des Rissklassikers *The Phoenix* schockiert, stieg Honnold hier ohne Seil hinauf. Solche Solos gab und gibt es zwar auch von anderen, aber nur ganz, ganz, ganz selten.

Honnold meisterte vergleichbare technische Schwierigkeiten allerdings auch an Wänden wie dem 600 Meter hohen
Half Dome und wurde zugleich als Charakter immer offener,
souveräner, selbstbewusster und, natürlich, berühmt. »Naja,
der Ruhm«, sagte er etwa, »ist ein Mittel zum Zweck und der
Zweck ist, dass ich nicht arbeiten muss, sondern so viel klettern gehen kann, wie ich will.« Oder: »Für uns Kletterer ist
das, was wir machen, natürlich ziemlich schwierig, aber viele
Menschen haben einen Alltag, der ist wirklich viel schwieriger und außerdem unfreiwillig.« Er hat eine Stiftung gegrün-
det, die kleine Siedlungen in der Dritten Welt, die über keinen
Stromanschluss verfügen, mit Solaranlagen ausstattet. Als er
damit anfing, kannte man ihn nur in der Szene, aber er hatte
auf Expeditionen solche Dörfer erlebt, da kam ihm die Idee –
so einfach kann das sein.

Er kletterte solo in einer vollkommen anderen Liga, auch
als etwa ein Hansjörg Auer (er verunglückte 2019 gemeinsam
mit David Lama am Howse Peak, siehe oben), der 2007 mit
seinem Free Solo des *Weg durch den Fisch (9-)* an der Marmolada für Aufsehen gesorgt hatte, dem bis heute eindrucksvolls-
ten Solo einer Felstour in den guten alten Alpen.

Für Honnold blieb als Ziel irgendwann nur noch der El Capitan. Sollte er oder sollte er nicht? Die Routenwahl wenigstens war offensichtlich: *Freerider*, eine knapp 100 Meter lange,
mit 7c+ (9+) etwas leichtere Variante von Alexander Huber
zur *Salathé-Wall*. Alles andere wäre NOCH viel schwieriger,
es ist eben der gewaltige, einmalige, fantastische El Capitan.

Honnold übte die Route minutiös ein, jahrelang. Aber
selbst für ihn war die Vorstellung, in dieser Wand ungesichert
an den Fingerspitzen zu hängen, so haarsträubend, dass er
mehrfach abbrach. Aber wie Helden eben sind: Er gab nicht

auf, und 2017 endlich gelang es. Schuhe, Chalkbag und sonst NICHTS – für 1000 Meter Granit im siebten, achten und neunten Grad.

Es war eine der größten Leistungen in der Geschichte des Alpinismus, Alexander Huber äußerte sich wie folgt: »Ein Meilenstein wie die erste Besteigung des Everest ohne künstlichen Sauerstoff durch Messner und Habeler 1978 – aber das wurde damals sehr schnell wiederholt. Bis jemand den El Cap free solo wiederholt, das wird wahrscheinlich verdammt lange dauern.« Die *New York Times* schrieb: »Eine der größten sportlichen Leistungen in der Geschichte der Menschheit«. Dank ihrer atemberaubenden Bilder wurde die Dokumentation *FREE SOLO* mit dem Oscar ausgezeichnet – der kleine Pilger Alex Honnold, der einst ins Valley zog und bis heute immer noch im Van lebt, ist jetzt ein Häuptling, der andere große Häuptling ist sein Blutsbruder Tommy Caldwell.

So sind heute die bedeutendsten Bergsteiger der Gegenwart allesamt Felskletterer: Tommy Caldwell, Alex Honnold und Adam Ondra. Sie sind es deswegen, weil sie über ihre sportlichen Fähigkeiten hinaus etwas zu sagen haben und den Sport glaubwürdig vorleben. Bei den Frauen gilt die Tirolerin Barbara Zangerl seit Jahren als beste Allroundkletterin der Welt, ihr gelangen unter anderem Alexander Hubers *Bellavista* an der Westlichen Zinne sowie die schwierigste all der Freikletterrouten, die mittlerweile im rechten Wandteil der Eiger-Nordwand existieren, die *Odyssee*. Am El Capitan hat sie mittlerweile fünf verschiedene Routen frei geklettert, unter anderem *Magic Mushroom*, die nach der *Dawn Wall* zweitschwerste Linie am »Big Stone«. Zangerl hätte sicher jede Möglichkeit, als Vollprofi zu klettern, lebt aber lieber nach wie vor auf Basis einer Dreißig-Prozent-Stelle als Röntgenassistentin. 2019 zeichnete *National Geographic* sie als *Adventurer of the Year* aus: »The world's best rock climber you've never heard of – die beste Kletterin, von der Sie noch nie gehört haben.«

Sie klettert meistens mit ihrem Lebensgefährten Jacopo Larcher. Mit *Tribe* eröffnete der den härtesten »Tradclimb« der Welt, eine Route nur mit traditionellen Sicherungen wie Klemmkeilen oder Friends und ohne Bohrhaken. Da Zangerl als Frau mehr im Fokus steht, geht es Larcher ein wenig wie vor fast einem Jahrhundert Paula Wiesinger als Partnerin von Hans Steger: Seine Leistungen werden in der Öffentlichkeit kaum genug gewürdigt. Dass die stärkste Kletterin der Gegenwart aber ebenso wie die Beste der Ära vor knapp 100 Jahren in einer Partnerschaft auf Augenhöhe unterwegs ist, ergibt mehr als eine nette Schlusspointe dieser kleinen Geschichte des Bergsteigens. Die Berge, die auch im Zuge der Corona-Beschränkungen immer mehr Menschen anziehen, sind eben auch ein Ort der Begegnung, an dem wir nicht nur die gelegentlich knappe Verpflegung teilen, sondern auch Erlebnisse, Verantwortung und die Erfahrung, um wieviel schöner und reicher das Leben wird, wenn wir fair miteinander umgehen.

AUSBLICK

Bergsport in all seinen Facetten wird an Bedeutung weiter zunehmen, während sich gleichzeitig sein Wesen verändern wird und bereits massiv verändert hat. Über lange Phasen war Bergsport eine Gegenkultur, man ging nicht nur raus in die Natur, um an der frischen Luft zu sein, sondern um mit Gleichgesinnten Dinge zu unternehmen, die gegen die aktuelle Leitkultur standen. Und zog daraus ein Gefühl von Zusammengehörigkeit: wir gegen die Mehrheit. Ende der 50er-Jahre in den Westen emigrierte Kletterer aus Sachsen etwa schmuggelten ihre Seilpartner in umgebauten VW-Bussen über die Grenze. Und die legendäre Szene der Yosemite-Kletterer in den 70ern zog ihre Kraft nicht zuletzt aus dem Gegensatz ihres Hippie-Lifestyles zum Mainstream der Industriegesellschaft.

Heute wird der Bergsport von der Gesellschaft anerkannt und umarmt, vielleicht ja auch, weil die Industrie so viel Umsatz mit all dem Equipment macht. Wer heute Skitouren geht, wird nicht mehr belächelt: »Wieso nimmst du nicht den Lift, haha?« Vielmehr gilt selbst aufsteigen als schick. Andererseits ist das natürlich auch eine positive Entwicklung, wenn das Hinausgehen in das bisschen ungezähmte Natur, das uns noch bleibt, als wichtig und richtig wahrgenommen wird.

Sicher scheint, dass es noch weit mehr Aktive geben wird. Das beginnt mit dem zu Beginn des Buchs zitierten Vormarsch der Frauen und setzt sich fort mit der Nachwuchsförderung. Die frühere Weltklassekletterin Robyn Erbesfield gründete mit »ABC Kids Climbing« ein äußerst erfolgreiches kommerzielles Zentrum zur Frühförderung von Kindern wie in jedem anderen Spitzensport auch. Das ist etwas vollkommen anderes als eine Kinderklettergruppe beim Alpenverein. Und die Wunderkinder, die im Grundschalter im zehnten Grad erfolgreich sind, werden immer mehr.

Klettern ist olympisch – nur dass die Spiele noch nicht stattgefunden haben. Sobald es die ersten Bilder von der Siegerehrung gibt, werden noch mehr Menschen in die Boulderhallen strömen. Und Klettern wird auch im Negativen als Spitzensport immer normaler: Genauso wenig, wie unsere hochbezahlten Fußballer ihren Mund aufbekommen zur Sklavenarbeit beim Bau der WM-Arenen in Katar oder überhaupt zum Irrwitz einer Weltmeisterschaft in der Wüste, so wenig äußern sich die Spitzenkletterer über die Korruption im IOC, das seine Spiele ja auch bevorzugt an Diktaturen vergibt.

Der exzessive Ferntourismus der letzten Jahre dürfte – was ökologisch ein Segen wäre – sein altes Niveau so schnell nicht wieder erreichen, wir alle werden in Folge von Corona häufiger Urlaub im Radius einer Tankfüllung und womöglich auch noch längerfristig im eigenen Land machen müssen, weil wir ins Ausland gar nicht dürfen. Die Alpen werden mehr Alpinismus aushalten müssen als je zuvor.

Wir brauchen die Berge, mehr denn je. Während wir früher für uns allein darauf aufpassen mussten, vom Berg heil wieder herunterzukommen, lautet die gemeinsame Aufgabe nun, dass die Berge unser aller Ansturm heil überstehen.

DANKSAGUNG

- meinem Vater für ein paar klassische Vater-Sohn-Probleme, die mich dem Bergsteigen in die Arme trieben, während ich nie ahnte, wie stolz er eigentlich auf mich war
- meiner Mutter, die mich so sehr damit nervte, dass ich Künstler werden müsse, aber am Ende tatsächlich recht behielt
- Bruce Springsteen: »We learnt more from a three-minute-record than we ever learnt in school.«
- Rio Reiser allein schon für diese Zeilen: »wir sind geboren / um frei zu sein / wir sind zwei von Millionen / wir sind nicht allein« – was ich alberner Weise nie als Liebeslied begriff, sondern als den Soundtrack einer Zweierseilschaft
- dem Deutschen Alpenverein, der mir den Weg an die Felsen öffnete
- Helmut Römer, der mit mir die Begeisterung für Tischfußball, Fahrten per Güterzug und Jack Londons *König Alkohol* teilte
- Reinhard Karl für sein Buch *Erlebnis Berg – Zeit zum Atmen*
- dem Schimanski-Erfinder Hartmut Grund, meinem Mentor während und nach dem Stipendium an der Filmhochschule
- Tommy Caldwell, der die amerikanischen Kletterer dazu aufrief, Trump abzuwählen

- Angela Fechter für neun schwungvolle Jahre an ihrer Seite
- u. v. a. ;-)

QUELLENVERZEICHNIS

Bücher

Balzer, Jens: *Das entfesselte Jahrzehnt – Sound und Geist der 70er*. Rowohlt Verlag, 2017.

Berg, *Jahrbuch des deutschen Alpenvereins, Österreichischen Alpenvereins und Alpenverein Südtirol*. Ausgaben 2005, 2006, 2012, 2015-2020.

Ertl, Hans, und Walter Schmidkunz: *Bergvagabunden*. Büchergilde Gutenberg, 1954.

Heckmair, Anderl, und Christine Kopp: *Eignernordwand, Grand Jorasses und andere Abenteuer*. AS Verlag, 1999.

Mailänder, Nicholas: *Im Zeichen des Edelweiß – Geschichte Münchens als Bergsteigerstadt*. AS Verlag, 2006.

Schreiber, Jürgen: *Sie starb wie Che Guevara – die Geschichte der Monika Ertl*. Artemis und Winkler, 2009.

Zeitschriften und Onlinequellen

Wikipedia, diverse

Mountain Magazine, Ausgabe 56

Rock and Ice Magazine, Onlineausgabe

Interviews

aus den Dreharbeiten des Autors für folgende Filme:

- Wolfgang Güllich – Jung stirbt, wen die Götter lieben (Bayerisches Fernsehen, 2002)
- Klettern am Limit - die Huberbuam (Bayerisches Fernsehen, 2005)
- Heinz Zak – Freigeist in der Vertikalen (ServusTV, 2017)
- Yosemite – Mythos aus Granit (ServusTV, 2018)
- Porträt Babsi Zangerl (Bayerisches Fernsehen, 2018)

ZUM AUTOR

Malte Roeper, Jahrgang 1962, lebt als Autor und Regisseur im Chiemgau. Er drehte preisgekrönte Dokumentarfilme mit Kletterlegenden wie den Huberbuam, Kurt Albert, Adam Ondra und Tommy Caldwell. Ihm selbst gelangen ihm zahlreiche extreme Bergtouren und Winterbegehungen, die Eiger-Nordwand durchstieg er als erster Deutscher im Alleingang.